北大版新HSK应试辅导丛书

- 听力材料
- 答案
- 题解

SAMPLE TEST FOR 走进

NEW HSK

新 汉语水平考试
全真模拟试题及题解

夏小芸 沈灿淑 吴遥遥 刘影 编著

北京大学出版社
PEKING UNIVERSITY PRESS

目 录

HSK(二级)全真模拟试题(第1套)听力材料 …………………………………… 1

HSK(二级)全真模拟试题(第2套)听力材料 …………………………………… 10

HSK(二级)全真模拟试题(第3套)听力材料 …………………………………… 19

HSK(二级)全真模拟试题(第4套)听力材料 …………………………………… 28

HSK(二级)全真模拟试题(第5套)听力材料 …………………………………… 37

HSK(二级)全真模拟试题(第6套)听力材料 …………………………………… 46

HSK(二级)全真模拟试题(第7套)听力材料 …………………………………… 55

HSK(二级)全真模拟试题(第8套)听力材料 …………………………………… 64

HSK(二级)全真模拟试题(第9套)听力材料 …………………………………… 73

HSK(二级)全真模拟试题(第10套)听力材料 ………………………………… 82

HSK(二级)全真模拟试题(第1套)答案 ………………………………………… 91

HSK(二级)全真模拟试题(第2套)答案 ………………………………………… 92

HSK(二级)全真模拟试题(第3套)答案 ………………………………………… 93

HSK(二级)全真模拟试题(第4套)答案 ………………………………………… 94

HSK(二级)全真模拟试题(第5套)答案 ………………………………………… 95

HSK(二级)全真模拟试题(第 6 套)答案 ·············· 96

HSK(二级)全真模拟试题(第 7 套)答案 ·············· 97

HSK(二级)全真模拟试题(第 8 套)答案 ·············· 98

HSK(二级)全真模拟试题(第 9 套)答案 ·············· 99

HSK(二级)全真模拟试题(第 10 套)答案 ············· 100

HSK(二级)全真模拟试题(第 1 套)题解 ·············· 101

HSK(二级)全真模拟试题(第 2 套)题解 ·············· 108

HSK(二级)全真模拟试题(第 3 套)题解 ·············· 115

HSK(二级)全真模拟试题(第 4 套)题解 ·············· 122

HSK(二级)全真模拟试题(第 5 套)题解 ·············· 129

HSK(二级)全真模拟试题(第 6 套)题解 ·············· 136

HSK(二级)全真模拟试题(第 7 套)题解 ·············· 143

HSK(二级)全真模拟试题(第 8 套)题解 ·············· 150

HSK(二级)全真模拟试题(第 9 套)题解 ·············· 157

HSK(二级)全真模拟试题(第 10 套)题解 ············· 164

HSK（二级）全真模拟试题（第1套）听力材料

（音乐，30秒，渐弱）

Dàjiā hǎo! Huānyíng cānjiā　　　èrjí kǎoshì.
大家 好！ 欢迎 参加 HSK（二级）考试。
Dàjiā hǎo! Huānyíng cānjiā　　　èrjí kǎoshì.
大家 好！ 欢迎 参加 HSK（二级）考试。
Dàjiā hǎo! Huānyíng cānjiā　　　èrjí kǎoshì.
大家 好！ 欢迎 参加 HSK（二级）考试。

　　　　èrjí tīnglì kǎoshì fēn sì bùfen, gòng　　tí.
HSK（二级）听力 考试 分 四 部分， 共 35题。
Qǐng dàjiā zhùyì, tīnglì kǎoshì xiànzài kāishǐ.
请 大家 注意，听力 考试 现在 开始。

　　　　　　Dì-yī bùfen
第一 部分

Yígòng　　ge tí, měi tí tīng liǎng cì.
一共 10 个 题，每 题 听 两 次。

Lìrú： Wǒmen jiā yǒu sān ge rén.
例如：我们 家 有 三 个 人。
　　　　Wǒ měi tiān zuò gōnggòng qìchē qù shàngbān.
　　　　我 每 天 坐 公共 汽车 去 上班。

Xiànzài kāishǐ dì　　tí:
现在 开始 第 1 题：

　　　Měi tiā chī shuǐguǒ duì shēntǐ hǎo.
1. 每 天 吃 水果 对 身体 好。
　　　Kàn! Háizimen pǎo de zhēn kuài a!
2. 看！ 孩子们 跑 得 真 快 啊！
　　　Wǒ zuì xǐhuan dǎ lánqiú.
3. 我 最 喜欢 打 篮球。

— 1 —

Jīntiān tiānqì hěn hǎo, shì ge qíngtiān.
4. 今天 天气 很 好，是 个 晴天。

Dìdi chàng de zhēn hǎotīng.
5. 弟弟 唱 得 真 好听。

Tài lèi le. Xiūxi yíxià ba!
6. 太 累 了。休息 一下 吧！

Gēge hé dìdi yìqǐ hē niúnǎi.
7. 哥哥 和 弟弟 一起 喝 牛奶。

Yú zài shuǐ li mànmàn de yóu.
8. 鱼 在 水 里 慢慢 地 游。

Xiǎo Lǐ zuò gōnggòng qìchē qù shàngbān.
9. 小 李 坐 公共 汽车 去 上班。

Wǒ xiànzài jiù gěi tā dǎ diànhuà.
10. 我 现在 就 给 她 打 电话。

Dì-èr bùfen
第二 部分

Yígòng ge tí, měi tí tīng liǎng cì.
一共 10 个 题，每 题 听 两 次。

Lìrú:
例如：

Nǐ xǐhuan shénme yùndòng?
男：你 喜欢 什么 运动？

Wǒ zuì xǐhuan tī zúqiú.
女：我 最 喜欢 踢 足球。

Xiànzài kāishǐ dì dào tí:
现在 开始 第 11 到 15 题：

11.
Nǐ zuò shénme gōngzuò?
男：你 做 什么 工作？

Wǒ shì yí ge yīshēng.
女：我 是 一 个 医生。

12.
男：Xiǎo Wáng zài jiā ma?
　　小　王　在　家　吗？

女：Tā hái zài gōngsī gōngzuò ne.
　　她　还　在　公司　工作　呢。

13.
女：Fàn zuòhǎo le, kuài lái chī ba!
　　饭　做好　了，快　来　吃　吧！

男：Ā! Zuòle nàme duō cài a!
　　啊！做了　那么　多　菜　啊！

14.
女：Qǐngjìn, zhè jiù shì wǒ de jiā!
　　请进，这　就　是　我　的　家！

男：Nǐ de jiā zhēn piàoliang!
　　你的家　真　漂亮！

15.
男：Nǐ xiǎng hē diǎnr shénme?
　　你　想　喝点儿　什么？

女：Gěi wǒ yì bēi shuǐ ba.
　　给　我　一　杯　水　吧。

Xiànzài kāishǐ dì 16 dào 20 tí:
现在　开始　第 16 到 20 题：

16.
男：Nǐ měi tiān jǐ diǎn chī wǔfàn?
　　你　每　天　几　点　吃　午饭？

女：Wǒ měi tiān shí'èr diǎn zuǒyòu chī wǔfàn.
　　我　每　天　十二　点　左右　吃　午饭。

17.
女：Shéi tiào wǔ tiào de zuì hǎo?
　　谁　跳　舞　跳　得　最　好？

Wǒ mèimei tiào wǔ tiào de zuì hǎo.
男：我 妹妹 跳舞 跳 得 最 好。

18.
　　Xià kè le, wǒmen qù nǎr?
男：下 课 了，我们 去 哪儿？
　　Wǒmen qù kàn diànyǐng ba.
女：我们 去 看 电影 吧。

19.
　　Nǐ wèi shénme yào qù jīchǎng?
男：你 为 什么 要 去 机场？
　　Wǒ de hǎo péngyou lái le.
女：我 的 好 朋友 来 了。

20.
　　Nǐ xǐhuan shénme yùndòng?
女：你 喜欢 什么 运动？
　　Wǒ xǐhuan màn pǎo.
男：我 喜欢 慢 跑。

Dì-sān bùfen
第三 部分

Yígòng　 ge tí, měi tí tīng liǎng cì.
一共 10 个题，每 题 听 两 次。

　　Lìrú:
例如：
　　Xiǎo Wáng, zhèli yǒu jǐ ge bēizi, nǎ ge shì nǐ de?
男：小 王，这里 有 几 个 杯子，哪 个 是 你 的？
　　Zuǒbian nà ge hóngsè de shì wǒ de.
女：左边 那 个 红色 的 是 我 的。
　　Xiǎo Wáng de bēizi shì shénme yánsè de?
问：小 王 的 杯子 是 什么 颜色 的？

Xiànzài kāishǐ dì 21 tí:
现在 开始 第21题：

21.
男： Xiǎo Lǐ, bàozhǐ shang nǎ ge rén shì nǐ de dìdi?
小李，报纸 上 哪个 人 是 你 的 弟弟？
女： Zuǒbian de jiù shì wǒ de dìdi.
左边 的 就 是 我 的 弟弟。
问： Bàozhǐ shang, Xiǎo Lǐ de dìdi zài nǎr?
报纸 上，小 李 的 弟弟 在 哪儿？

22.
男： Zuótiān xiàwǔ nǐmen zuò shénme le?
昨天 下午 你们 做 什么 了？
女： Wǒmen yìqǐ chī fàn, hái qù yóu yǒng le.
我们 一起 吃 饭，还 去 游 泳 了。
问： Nǚ de zuótiān xiàwǔ zuò shénme le?
女 的 昨天 下午 做 什么 了？

23.
男： Zhè jiàn yīfu zhēn búcuò.
这 件 衣服 真 不错。
女： Shì de, kàn qilai shì búcuò, dànshì tài guì le.
是 的，看 起来 是 不错，但是 太 贵 了。
问： Nǚ de juéde zhè jiàn yīfu zěnmeyàng?
女 的 觉得 这 件 衣服 怎么样？

24.
男： Bù gōngzuò de shíhou, nǐ xǐhuan zuò shénme?
不 工作 的 时候，你 喜欢 做 什么？
女： Wǒ xǐhuān zǎoshang qù xuéxiào pǎo bù.
我 喜欢 早上 去 学校 跑 步。
问： Nǚ de xǐhuan shénme shíhou qù pǎo bù?
女 的 喜欢 什么 时候 去 跑 步？

25.
女： Wǒ kànjiàn Xiǎo Lǐ hé yí ge nǚháizi kàn diànyǐng qù le.
我 看见 小李 和 一个 女孩子 看 电影 去了。
男： Ò, shì zuótiān ba? Nà shì tā de mèimei.
哦，是 昨天 吧？那 是 他的 妹妹。
问： Nà ge nǚháizi shì Xiǎo Lǐ de shénme rén?
那个 女孩子 是 小李 的 什么 人？

26.
男： Wǒ hē chá, nǐ yào hē shénme?
我 喝 茶，你 要 喝 什么？
女： Wǒ hē yì bēi niúnǎi ba.
我 喝一 杯 牛奶 吧。
问： Nǚ de xiǎng hē shénme?
女 的 想 喝 什么？

27.
女： Yǐjīng liǎng diǎn le, Xiǎo Wáng zěnme hái méiyǒu lái?
已经 两 点 了，小 王 怎么 还 没有 来？
男： Zài děng shí fēnzhōng, tā bù lái, wǒmen jiù dǎ diànhuà.
再 等 十 分钟，他 不 来，我们 就 打 电话。
问： Xiànzài jǐ diǎn?
现在 几 点？

28.
女： Wèi shénme Xiǎo Lǐ jīntiān bú tài gāoxìng?
为 什么 小 李 今天 不 太 高兴？
男： Yīnwèi tā bàba shēng bìng le.
因为 他 爸爸 生 病 了。
问： Xiǎo Lǐ de bàba zěnme le?
小 李 的 爸爸 怎么 了？

29.
女： Lǎoshī, zhè ge zì zěnme dú?
老师，这 个 字 怎么 读？
男： Ò, zhè ge zì shì "líng".
哦，这 个 字 是 "零"。

Tāmen zuì yǒu kěnéng zài nǎr?
问：他们 最 有 可能 在 哪儿？

30.
Māma de shēngrì shì míngtiān ma?
男：妈妈的 生日 是 明天 吗？
Bú shì, shì xīngqīwǔ, bā yuè shísān hào.
女：不是，是 星期五，八 月 十三 号。
Māma de shēngrì jǐ yuè jǐ hào?
问：妈妈的 生日 几 月 几 号？

Dì-sì bùfen
第四 部分

Yígòng ge tí, měi tí tīng liǎng cì.
一共 5 个 题，每 题 听 两 次。

Lìrú:
例如：
Qǐng zài zhèr xiě nín de míngzi.
女：请 在 这儿 写 您 的 名字。
Shì zhèr ma?
男：是 这儿 吗？
Búshì, shì zhèr.
女：不是，是 这儿。
Hǎo, xièxie.
男：好，谢谢。
Nán de yào xiě shénme?
问：男 的 要 写 什么？

Xiànzài kāishǐ dì tí:
现在 开始 第 31 题：

31.
Xīngqīliù nǐ gēge lái wǒmen jiā chī fàn ma?
男：星期六 你 哥哥 来 我们 家 吃 饭 吗？

女：Shì de, wǒmen zuò diǎnr shénme cài ne?
　　是的，我们 做 点儿 什么 菜 呢？

男：Tā ài chī yángròu, wǒmen mǎi jǐ jīn yángròu ba.
　　他爱吃 羊肉， 我们 买 几 斤 羊肉 吧。

女：Hǎo de. Zhè cì wǒ lái zuò.
　　好 的。这 次 我 来 做。

问：Tāmen yào mǎi shénme?
　　他们 要 买 什么？

32.

女：Zuò gōnggòng qìchē qù xuéxiào yào duō cháng shíjiān?
　　坐 公共 汽车去 学校 要 多 长 时间？

男：Yào yí ge xiǎoshí.
　　要 一 个 小时。

女：Nà wǒmen zuò chūzūchē qù ba, kuài yìdiǎnr.
　　那 我们 坐 出租车 去 吧，快 一点儿。

男：Hǎo de.
　　好 的。

问：Tāmen xiǎng zěnme qù xuéxiào?
　　他们 想 怎么 去 学校？

33.

男：Zhè ge shǒujī yǒu hēi de, hái yǒu bié de yánsè ma?
　　这 个 手机 有 黑 的，还 有 别 的 颜色 吗？

女：Hái yǒu bái de hé hóng de.
　　还 有 白 的 和 红 的。

男：Hēi de hé bái de wǒ dōu bù xǐhuan, hóng de kěyǐ.
　　黑 的 和 白 的 我 都 不 喜欢， 红 的 可以。

女：Hǎo de, nà wǒ gěi nǐ kàn yíxià hóng de.
　　好 的，那 我 给 你 看 一下 红 的。

问：Nán de kěnéng xǐhuan shénme yánsè de shǒujī?
　　男 的 可能 喜欢 什么 颜色 的 手机？

34.

男：Zhè kuài shǒubiǎo zhēn piàoliang, nǐ zài nǎr mǎi de?
　　这 块 手表 真 漂亮，你 在 哪儿 买 的？

女：Bú shì mǎi de, shì yǒu rén sòng gěi wǒ de.
　　不 是 买 的，是 有 人 送 给 我 的。

男：Shì shéi sòng de? Nǐ de zhàngfu ma?
是 谁 送 的？你 的 丈夫 吗？

女：Bú shì, qùnián wǒ shēngrì shí, nǚ'ér sònggěi wǒ de.
不是，去年 我 生日 时，女儿 送给 我 的。

问：Zhè kuài shǒubiǎo shì zěnme lái de?
这 块 手表 是 怎么 来 的？

35.
男：Nǐ de nánpéngyou duì nǐ hǎo ma?
你 的 男朋友 对你 好 吗？

女：Tā hěn ài wǒ, dànshì xīwàng wǒ bú yào qù gōngzuò.
他 很 爱 我，但是 希望 我 不 要 去 工作。

男：Nà nǐ zěnme xiǎng de ne?
那 你 怎么 想 的 呢？

女：Wǒ juéde, bù gōngzuò, wǒ jiù bú kuàilè.
我 觉得，不 工作，我 就 不 快乐。

问：Nǚ de nánpéngyou bù xīwàng tā zěnmeyàng?
女 的 男朋友 不 希望 她 怎么样？

Tīnglì kǎoshì xiànzài jiéshù.
听力 考试 现在 结束。

HSK（二级）全真模拟试题（第2套）听力材料

（音乐，30秒，渐弱）

Dàjiā hǎo! Huānyíng cānjiā èrjí kǎoshì.
大家 好！ 欢迎 参加 HSK（二级）考试。
Dàjiā hǎo! Huānyíng cānjiā èrjí kǎoshì.
大家 好！ 欢迎 参加 HSK（二级）考试。
Dàjiā hǎo! Huānyíng cānjiā èrjí kǎoshì.
大家 好！ 欢迎 参加 HSK（二级）考试。

　　　　　èrjí　tīnglì kǎoshì fēn sì bùfen, gòng　　tí.
HSK（二级）听力 考试 分 四 部分， 共 35 题。
Qǐng dàjiā zhùyì, tīnglì kǎoshì xiànzài kāishǐ.
请 大家 注意，听力 考试 现在 开始。

　　　　　　　Dì-yī bùfen
第一 部分

Yígòng　　ge tí, měi tí tīng liǎng cì.
一共 10 个 题，每 题 听 两 次。

Lìrú： Wǒmen jiā yǒu sān ge rén.
例如： 我们 家 有 三 个 人。
　　　Wǒ měi tiān zuò gōnggòng qìchē qù shàngbān.
　　　我 每 天 坐 公共 汽车 去 上班。

Xiànzài kāishǐ dì　　tí：
现在 开始 第 1 题：

　　　Jīntiān shì qī hào.
1. 今天 是 七 号。
　　　Wǒmen zuò chuán qù ba.
2. 我们 坐 船 去 吧。
　　　Bàba zài kàn bàozhǐ.
3. 爸爸 在 看 报纸。

Dàjiā xiànzài zài xiūxi.
4. 大家 现在 在 休息。

Zhè ge háizi hěn kuàilè.
5. 这个 孩子 很 快乐。

Tā mǎile hěn duō dōngxi.
6. 她 买了 很 多 东西。

Wǒ lèi le, wǒ xiūxi yíxià.
7. 我 累了，我 休息 一下。

Tā gěi wǒmen chàngle yí ge gē.
8. 她 给 我们 唱了 一 个 歌。

Wǒ mǎile yí ge xīguā huílai.
9. 我 买了 一 个 西瓜 回来。

Kuài kàn a, wàibian kāishǐ xià yǔ le.
10. 快 看 啊，外边 开始 下 雨 了。

Dì-èr bùfen
第二 部分

Yígòng ge tí, měi tí tīng liǎng cì.
一共 10 个 题，每 题 听 两 次。

Lìrú:
例如：

Nǐ xǐhuan shénme yùndòng?
男：你 喜欢 什么 运动？

Wǒ zuì xǐhuan tī zúqiú.
女：我 最 喜欢 踢 足球。

Xiànzài kāishǐ dì dào tí:
现在 开始 第11 到 15 题：

11.
Tā zài zuò shénme?
女：他 在 做 什么？

Tā zài jiàoshì li xuéxí ne.
男：他 在 教室 里 学习 呢。

12.
男： Tā jīntiān zěnme méi lái gōngsī?
　　她 今天 怎么 没 来 公司？
女： Tā shēntǐ bú tài hǎo.
　　她 身体 不 太 好。

13.
男： Nǐ hǎo, nǐ shì Mǎlì, duì ma?
　　你 好，你 是 玛丽，对 吗？
女： Hěn gāoxìng rènshi nǐ.
　　很 高兴 认识 你。

14.
女： Tā zuò shénme gōngzuò?
　　他 做 什么 工作？
男： Tā shì yí ge fúwùyuán.
　　他 是 一 个 服务员。

15.
男： Nǐmen zhǔnbèi shénme shíhou qù?
　　你们 准备 什么 时候 去？
女： Wǒmen xiǎng wǎnshang qù.
　　我们 想 晚上 去。

Xiànzài kāishǐ dì 16 dào 20 tí:
现在 开始 第 16 到 20 题：

16.
男： Nǐ yǒu duōshao gōngjīn?
　　你 有 多少 公斤？
女： Hāhā, wǒ bú gàosu nǐ.
　　哈哈，我 不 告诉 你。

17.
女： Qǐngwèn yào cóng nǎ ge mén zǒu?
　　请问 要 从 哪个 门 走？

男： Qǐng zǒu qiánmian nà ge mén.
请 走 前面 那个 门。

18.
女： Nǐ xiàwǔ qù yùndòng ma?
你 下午 去 运动 吗?
男： Duì, xiàwǔ wǒ xiǎng qù yóu yǒng.
对, 下午 我 想 去 游 泳。

19.
男： Nǐmen jiā chángcháng chī yú ma?
你们 家 常 常 吃 鱼 吗?
女： Duì, māma xǐhuan zuò yú.
对, 妈妈 喜欢 做 鱼。

20.
男： Nǐ de xiǎo gǒu zài nǎr ne?
你 的 小 狗 在 哪儿 呢?
女： Kàn, tā jiù zài wǒ de pángbiān a!
看, 它 就 在 我 的 旁边 啊!

第三 部分
Dì-sān bùfen

Yígòng ge tí, měi tí tīng liǎng cì.
一共 10 个 题, 每 题 听 两 次。

Lìrú:
例如:
男： Xiǎo Wáng, zhèli yǒu jǐ ge bēizi, nǎ ge shì nǐ de?
小 王, 这里 有 几 个 杯子, 哪个 是 你 的?
女： Zuǒbian nà ge hóngsè de shì wǒ de.
左边 那个 红色 的 是 我 的。
问： Xiǎo Wáng de bēizi shì shénme yánsè de?
小 王 的 杯子 是 什么 颜色 的?

Xiànzài kāishǐ dì　　tí:
现在 开始 第 21 题：

21.
男： Xiūxi de shíhou, nǐ xǐhuan zuò shénme?
　　休息 的 时候，你 喜欢 做 什么？
女： Wǒ xǐhuan zài jiāli kàn diànshì.
　　我 喜欢 在 家里 看 电视。
问： Nǚ de xiūxi de shíhou xǐhuan zuò shénme?
　　女 的 休息 的 时候 喜欢 做 什么？

22.
男： Xiǎo Wáng, kuài lái, nǐ kàn shéi lái le!
　　小 王， 快 来，你 看 谁 来 了！
女： Shì jiějie a, kuài qǐng jìn, kuài qǐng jìn!
　　是 姐姐 啊，快 请 进，快 请 进！
问： Shéi lái le?
　　谁 来 了？

23.
女： Wǒmen zuò gōnggòng qìchē qù ma?
　　我们 坐 公共 汽车 去 吗？
男： Méi shíjiān le, wǒmen zuò chūzūchē qù ba!
　　没 时间 了，我们 坐 出租车 去 吧！
问： Tāmen wèi shénme yào zuò chūzūchē?
　　他们 为 什么 要 坐 出租车？

24.
男： Zhè ge shāngdiàn de dōngxi hěn hǎo, yě hěn piányi.
　　这 个 商店 的 东西 很 好，也 很 便宜。
女： Nà wǒmen jìnqu kànkan ba.
　　那 我们 进去 看看 吧。
问： Tāmen xiǎng qù nǎr?
　　他们 想 去 哪儿？

25.
女： Yīshēng, wǒ zhè jǐ tiān shuì de hěn bù hǎo.
　　医生，我这几天睡得很不好。
男： Wǒ kànkan, nǐ méiyǒu dà wèntí, yào duō xiūxi.
　　我看看，你没有大问题，要多休息。
问： Yīshēng ràng nǚ de zuò shénme?
　　医生让女的做什么？

26.
女： Nǐ kàn diànshì le ma? Míngtiān tiānqì zěnmeyàng?
　　你看电视了吗？明天天气怎么样？
男： Diànshì shang shuō, míngtiān huì xià yǔ.
　　电视上说，明天会下雨。
问： Míngtiān tiānqì zěnmeyàng?
　　明天天气怎么样？

27.
男： Wǒ hěn máng, zhè ge yuè kěnéng méi shíjiān qù lǚyóu le.
　　我很忙，这个月可能没时间去旅游了。
女： Nà wǒmen xià ge yuè zài qù ba.
　　那我们下个月再去吧。
问： Tāmen kěnéng shénme shíhou qù lǚyóu?
　　他们可能什么时候去旅游？

28.
男： Nín hǎo, nín xiǎng mǎi diǎnr shénme?
　　您好，您想买点儿什么？
女： Wǒ xiǎng mǎi liǎng ge xīguā.
　　我想买两个西瓜。
问： Nǚ de xiǎng mǎi shénme?
　　女的想买什么？

29.
男： Nǐ mànmàn chī, shíjiān háiyǒu hěn duō.
　　你慢慢吃，时间还有很多。
女： Tài hǎochī le! Fúwùyuán, zài lái yìdiǎnr mǐfàn!
　　太好吃了！服务员，再来一点儿米饭！

　　　　Tāmen yǒu kěnéng zài nǎr?
问：他们 有 可能 在 哪儿？

30.
　　　　Xīwàng nǐ yòng yí ge yuè shíjiān kěyǐ zuòwán zhè ge gōngzuò.
女：希望 你 用 一 个 月 时间 可以 做完 这 个 工作。
　　　　Wǒmen yǐjīng zhǔnbèile sān ge yuè, méi wèntí.
男：我们 已经 准备了 三 个 月，没 问题。
　　　　Nán de zhǔnbèile duō cháng shíjiān?
问：男 的 准备了 多 长 时间？

　　　　　　　　　　　Dì-sì bùfen
　　　　　　　　　第四 部分

Yígòng　ge tí, měi tí tīng liǎng cì.
一共 5 个 题，每 题 听 两 次。

Lìrú:
例如：
　　　　Qǐng zài zhèr xiě nín de míngzi.
女：请 在 这儿 写 您 的 名字。
　　　　Shì zhèr ma?
男：是 这儿 吗？
　　　　Bú shì, shì zhèr.
女：不 是，是 这儿。
　　　　Hǎo, xièxie.
男：好，谢谢。
　　　　Nán de yào xiě shénme?
问：男 的 要 写 什么？

Xiànzài kāishǐ dì　tí:
现在 开始 第 31 题：

31.
　　　　Jīntiān nǚ'ér huílai, wǒmen zuò diǎnr hǎochī de.
男：今天 女儿 回来，我们 做点儿 好吃 的。

女：好的。她最喜欢吃鱼，我去买几斤鱼。
男：今天我来做饭，你休息一下吧。
女：没关系，我不累，我们一起做吧。
问：今天谁做饭？

32.
女：你常常看电脑，这样对眼睛不好。
男：我也知道，但是工作太多了，唉。
女：今天天气很好，我们出去玩儿吧。
男：好啊。多休息休息，对眼睛好。
问：他们为什么想出去玩儿？

33.
男：星期天就是妈妈的生日，送什么呢？
女：送衣服吧，妈妈爱漂亮。
男：那我们明天晚上去商店看看吧。
女：好啊，我知道她喜欢什么样的。
问：他们想什么时候去商店？

34.
女：小王，我听小李说你要去北京了。
男：是的，我明天下午就走。

女：Ò, dōngxi dōu zhǔnbèi hǎo le ma? Zuò qìchē qù ma?
哦，东西 都 准备 好 了 吗？坐 汽车 去 吗？

男：Duì, zuò qìchē qù, yào sì ge xiǎoshí ba.
对，坐 汽车 去，要 四 个 小时 吧。

问：Nán de xiǎng zěnme qù Běijīng?
男 的 想 怎么 去 北京？

35.
男：Xiǎo Lǐ, zhēn de shì nǐ a?
小 李，真 的 是 你 啊？

女：À, Xiǎo Wáng, shì nǐ a! Wǒmen yǐjīng wǔ nián méi jiàn le ba?
啊，小 王，是 你 啊！我们 已经 五 年 没 见 了 吧？

男：Shì ā. Nǐ xiànzài zěnmeyàng? Hái hǎo ma?
是 啊。你 现在 怎么样？还 好 吗？

女：Wǒ hěn hǎo, xiànzài shì dàxué li de yí ge lǎoshī. Nǐ ne?
我 很 好，现在 是 大学 里 的 一 个 老师。你 呢？

问：Nǚ de xiànzài zuò shénme gōngzuò?
女 的 现在 做 什么 工作？

Tīnglì kǎoshì xiànzài jiéshù.
听力 考试 现在 结束。

HSK（二级）全真模拟试题（第3套）听力材料

（音乐，30秒，渐弱）

Dàjiā hǎo! Huānyíng cānjiā　　　　èrjí　kǎoshì.
大家 好！ 欢迎　参加 HSK（二级）考试。
Dàjiā hǎo! Huānyíng cānjiā　　　　èrjí　kǎoshì.
大家 好！ 欢迎　参加 HSK（二级）考试。
Dàjiā hǎo! Huānyíng cānjiā　　　　èrjí　kǎoshì.
大家 好！ 欢迎　参加 HSK（二级）考试。

　　　　　 èrjí　tīnglì kǎoshì fēn sì bùfen, gòng　　 tí.
HSK（二级）听力 考试 分 四 部分，共 35 题。
Qǐng dàjiā zhùyì,　tīnglì kǎoshì xiànzài kāishǐ.
请 大家 注意，听力 考试 现在 开始。

Dì-yī bùfen
第一 部分

Yígòng　　 ge tí, měi tí tīng liǎng cì.
一共 10 个 题，每 题 听 两 次。

Lìrú： Wǒmen jiā yǒu sān ge rén.
例如：我们 家 有 三 个 人。
　　　Wǒ měi tiān zuò gōnggòng qìchē qù shàngbān.
　　　我 每 天 坐 公共 汽车 去 上班。

Xiànzài kāishǐ dì　 tí：
现在 开始 第 1 题：

　 Māma zuòle yángròu.
1. 妈妈 做了 羊肉。
　 Tāmen kāishǐ pǎo le.
2. 他们 开始 跑 了。
　 Bú yào zài chuáng shang kàn shū.
3. 不要 在 床 上 看书。

Huānyíng nín lái wǒmen fànguǎnr.
4. 欢迎 您来 我们 饭馆儿。

Zhè ge bēizi shì hēi yánsè de.
5. 这个 杯子 是 黑 颜色 的。

Tā zhèngzài jiàoshì shàng kè ne.
6. 她 正在 教室 上 课 呢。

Xīngqītiān yìqǐ qù tī zúqiú ba.
7. 星期天 一起 去 踢 足球 吧。

Sān ge rén dōu xiào le.
8. 三 个 人 都 笑 了。

Tiān qíng le, chūqu wánr ba.
9. 天 晴 了，出去 玩儿 吧。

Lǎoshī, wǒ xiǎng huídá zhè ge wèntí.
10. 老师，我 想 回答 这 个 问题。

Dì-èr bùfen
第二 部分

Yígòng ge tí, měi tí tīng liǎng cì.
一共 10 个 题，每 题 听 两 次。

Lìrú:
例如：

Nǐ xǐhuan shénme yùndòng?
男：你 喜欢 什么 运动？

Wǒ zuì xǐhuan tī zúqiú.
女：我 最 喜欢 踢 足球。

Xiànzài kāishǐ dì dào tí:
现在 开始 第 11 到 15 题：

11.
Zhè shì nǐ de piào ba?
女：这 是 你 的 票 吧？

Duì, shì wǒ de, xièxie nǐ.
男：对，是 我 的，谢谢 你。

12.
   Tā zhèngzài máng shénme ne?
男：她 正在 忙 什么 呢？
   Tā zhèngzài zuò tí ne.
女：她 正在 做题 呢。

13.
   Xiànzài jǐ diǎn le?
女：现在 几点 了？
   Wǒ lái kàn yíxià shǒubiǎo.
男：我来看 一下 手表。

14.
   Zhè jiàn yīfu hǎokàn ma?
女：这件 衣服 好看 吗？
   Nǐ kěyǐ chuān yíxià kànkan.
男：你可以 穿 一下 看看。

15.
   Nà ge nánrén shì shéi?
男：那个 男人 是 谁？
   Tā shì wǒmen bān de lǎoshī.
女：他 是 我们 班 的 老师。

Xiànzài kāishǐ dì dào tí:
现在 开始 第16 到 20 题：

16.
   Xuéxiào yuǎn ma?
男：学校 远 吗？
   Hěn jìn, wǒmen chángcháng zǒu lù shàng xué.
女：很近，我们 常常 走路 上 学。

17.
   Nǐ juéde rè ma?
女：你 觉得 热 吗？

男：Shì de, jīntiān tiānqì tài rè le.
是的，今天 天气 太 热 了。

18.
女：Wǒ lái xǐ yīfu ba?
我 来 洗 衣服 吧？

男：Kàn, wǒ yǐjīng dōu xǐhǎo le.
看，我 已经 都 洗好 了。

19.
男：Péngyoumen sòng nǐ shénme?
朋友们 送 你 什么？

女：Sòngle yī ge xīn diànnǎo gěi wǒ.
送了 一 个 新 电脑 给 我。

20.
女：Wèi, wǒ dào le, nǐ zài nǎr?
喂，我 到 了，你 在 哪儿？

男：Wǒ shí fēnzhōng jiù dào, nǐ děng wǒ yíxià.
我 十 分钟 就 到，你 等 我 一下。

Dì-sān bùfen
第三 部分

Yígòng 　 ge tí, měi tí tīng liǎng cì.
一共 10 个 题，每 题 听 两 次。

Lìrú:
例如：

男：Xiǎo Wáng, zhèli yǒu jǐ ge bēizi, nǎ ge shì nǐ de?
小 王，这里 有 几 个 杯子，哪 个 是 你 的？

女：Zuǒbian nà ge hóngsè de shì wǒ de.
左边 那 个 红色 的 是 我 的。

问：Xiǎo Wáng de bēizi shì shénme yánsè de?
小 王 的 杯子 是 什么 颜色 的？

Xiànzài kāishǐ dì   tí:
现在 开始 第 21 题:

21.
女: Xiǎo Lǐ, zǎoshang hǎo a! Nǐ xiànzài máng ma?
　　小李, 早上 好啊! 你 现在 忙 吗?
男: Wǒ yǒu shì, yào qù péngyou jiā.
　　我 有事, 要 去 朋友 家。
问: Nán de yào qù nǎr?
　　男 的 要 去 哪儿?

22.
男: Zhè ge shǒujī zhēn piàoliang! Wǒ yào mǎi yí ge!
　　这 个 手机 真 漂亮! 我 要 买 一个!
女: Yào wǔqiān kuài a. Tài guì le.
　　要 五千 块 啊。太 贵 了。
问: Nǚ de juéde zhè ge shǒujī zěnmeyàng?
　　女 的 觉得 这 个 手机 怎么样?

23.
女: Chàng gē, yóu yǒng, tiào wǔ, nǐ zuì xǐhuan zuò shénme?
　　唱 歌、游 泳、跳 舞, 你 最 喜欢 做 什么?
男: Wǒ zuì xǐhuān chàng gē.
　　我 最 喜欢 唱 歌。
问: Nán de zuì xǐhuān zuò shénme?
　　男 的 最 喜欢 做 什么?

24.
男: Míngtiān bú shàng bān, nǐ xiǎng zuò shénme?
　　明天 不 上 班, 你 想 做 什么?
女: Wǒ jiù xiǎng duō shuì huǐr, wǎn diǎnr qǐ chuáng.
　　我 就 想 多 睡 会儿, 晚点儿 起 床。
问: Nǚ de míngtiān xiǎng zuò shénme?
　　女 的 明天 想 做 什么?

25.

女：Wèi shénme nǐ xǐhuan qù nà ge fànguǎnr chī fàn?
　　为 什么 你 喜欢 去 那个 饭馆儿 吃 饭？

男：Yīnwèi nàli de cài zuò de hǎochī a.
　　因为 那里 的 菜 做 得 好吃 啊。

问：Wèi shénme nán de qù nà ge fànguǎnr chī fàn?
　　为 什么 男 的 去 那个 饭馆儿 吃 饭？

26.

男：Nǐ měi tiān zěnme qù gōngsī?
　　你 每 天 怎么 去 公司？

女：Wǒ zuò gōnggòng qìchē qù, lù shang yào yí ge xiǎoshí.
　　我 坐 公共 汽车 去，路 上 要 一 个 小时。

问：Nǚ de měi tiān zěnme qù gōngsī?
　　女 的 每 天 怎么 去 公司？

27.

男：Wǒ míngtiān qī diǎn qǐ chuáng, bā diǎn chī zǎofàn.
　　我 明天 七 点 起 床，八 点 吃 早饭。

女：Wǒ yǒu shì, míngtiān jiǔ diǎn qù zhǎo nǐ, hǎo ma?
　　我 有 事，明天 九 点 去 找 你，好 吗？

问：Nǚ de xiǎng míngtiān jǐ diǎn qù zhǎo nán de?
　　女 的 想 明天 几 点 去 找 男 的？

28.

男：Zhèxiē bēizi duōshao qián?
　　这些 杯子 多少 钱？

女：Dà de shíwǔ kuài yí ge, xiǎo de bā kuài.
　　大 的 十五 块 一 个，小 的 八 块。

问：Xiǎo bēizi duōshao qián yí ge?
　　小 杯子 多少 钱 一 个？

29.

男：Xiǎojie, wǒ de kāfēi hǎo le ma?
　　小姐，我 的 咖啡 好 了 吗？

女：Qǐng nín děng yíxià. Kāfēi hěn kuài jiù lái le.
　　请 您 等 一下。咖啡 很 快 就 来 了。

> Nǚ de kěnéng zuò shénme gōngzuò?
问：女 的 可能 做 什么 工作？

30.
> Xiǎo Lǐ, shénme shíhou kǎo shì? Xià xīngqīyī ma?
男：小 李，什么 时候 考试？下 星期一 吗？
> Lǎoshī shuō shì xià xīngqīsì.
女：老师 说 是 下 星期四。
> Shénme shíhòu kǎoshì?
问：什么 时候 考试？

Dì-sì bùfen
第四 部分

Yígòng 5 ge tí, měi tí tīng liǎng cì.
一共 5 个 题，每 题 听 两 次。

Lìrú:
例如：

> Qǐng zài zhèr xiě nín de míngzi.
女：请 在 这儿 写 您 的 名字。
> Shì zhèr ma?
男：是 这儿 吗？
> Bú shì, shì zhèr.
女：不是，是 这儿。
> Hǎo, xièxie.
男：好，谢谢。
> Nán de yào xiě shénme?
问：男 的 要 写 什么？

Xiànzài kāishǐ dì 31 tí:
现在 开始 第 31 题：

31.
> Nǐ hǎo, wǒ mǎi yì zhāng qù Běijīng de qìchēpiào.
男：你好，我 买 一 张 去 北京 的 汽车票。

女：Qù Běijīng de, bāshí kuài yì zhāng.
　　去 北京 的，八十 块 一 张。

男：Hǎo de, gěi nǐ yìbǎi kuài.
　　好 的，给 你 一百 块。

女：Zhè shì nǐ de piào. Zhǎo nǐ èrshí kuài.
　　这 是 你 的 票。找 你 二十 块。

问：Nǚ de kěnéng zuò shénme gōngzuò?
　　女 的 可能 做 什么 工作？

32.
男：Xiǎo Wáng, míngtiān yǒu shíjiān ma? Yìqǐ qù tiào wǔ ba!
　　小 王，明天 有 时间 吗？一起 去 跳 舞 吧！

女：Hǎo a, míngtiān jǐ diǎn ne?
　　好 啊，明天 几 点 呢？

男：Xiàwǔ liǎng diǎn, zài nǐmen xuéxiào qiánmian jiàn, zěnmeyàng?
　　下午 两 点，在 你们 学校 前面 见，怎么样？

女：Hǎo de, nà míngtiān jiàn.
　　好 的，那 明天 见。

问：Míngtiān tāmen zài nǎr jiàn?
　　明天 他们 在 哪儿 见？

33.
男：Xiǎo Lǐ, zǎoshang hǎo! Nǐ yě xǐhuan pǎo bù ma?
　　小 李，早上 好！你 也 喜欢 跑步 吗？

女：Shì de, wǒ juéde měi tiān màn pǎo duì shēntǐ hǎo.
　　是 的，我 觉得 每 天 慢 跑 对 身体 好。

男：Wǒ yě zhème xiǎng. Nǐ měi tiān pǎo duō cháng shíjiān?
　　我 也 这么 想。你 每 天 跑 多 长 时间？

女：Wǒ měi tiān zǎoshang pǎo sìshí fēnzhōng.
　　我 每 天 早上 跑 四十 分钟。

问：Nǚ de měi tiān zǎoshang pǎo duō cháng shíjiān?
　　女 的 每 天 早上 跑 多 长 时间？

34.
男：Tīng Xiǎo Lǐ shuō, wǒmen bān yào lái ge xīn tóngxué, shì ma?
　　听 小 李 说，我们 班 要 来 个 新 同学，是 吗？

女：Shì a. Tā shì wǒ mèimei de péngyou, xìng Zhāng.
　　是 啊。她 是 我 妹妹 的 朋友，姓 张。

男： Ó, tā zhǎng shénme yàng?
　　哦，她长什么样？

女： Tā bù gāo, yǎnjing hěn dà, yě hěn piàoliang.
　　她不高，眼睛很大，也很漂亮。

问： Xīn tóngxué zěnmeyàng?
　　新同学怎么样？

35.
男： Qǐngwèn, huǒchēzhàn zěnme zǒu?
　　请问，火车站怎么走？

女： Cóng zhèr zuò 65 lù gōnggòng qìchē jiù kěyǐ dào.
　　从这儿坐65路公共汽车就可以到。

男： Nà qǐngwèn zài nǎr zuò gōnggòng qìchē ne?
　　那请问在哪儿坐公共汽车呢？

女： Kàndào nà ge shāngdiàn le ma? Jiù zài nàr zuò chē.
　　看到那个商店了吗？就在那儿坐车。

问： Nǚ de gàosu nán de zài nǎr zuò chē?
　　女的告诉男的在哪儿坐车？

Tīnglì kǎoshì xiànzài jiéshù.
听力考试现在结束。

HSK（二级）全真模拟试题（第4套）听力材料

（音乐，30秒，渐弱）

Dàjiā hǎo! Huānyíng cānjiā　　　èrjí　kǎoshì.
大家 好！ 欢迎 参加 HSK（二级）考试。
Dàjiā hǎo! Huānyíng cānjiā　　　èrjí　kǎoshì.
大家 好！ 欢迎 参加 HSK（二级）考试。
Dàjiā hǎo! Huānyíng cānjiā　　　èrjí　kǎoshì.
大家 好！ 欢迎 参加 HSK（二级）考试。

　　　　　　　èrjí　tīnglì kǎoshì fēn sì bùfen, gòng　　tí.
HSK（二级）听力 考试 分 四 部分，共 35 题。
Qǐng dàjiā zhùyì,　tīnglì kǎoshì xiànzài kāishǐ.
请 大家 注意， 听力 考试 现在 开始。

　　　　　　　　　Dì-yī bùfen
第一 部分

Yígòng　　ge tí, měi tí tīng liǎng cì.
一共 10 个 题，每 题 听 两 次。

Lìrú：Wǒmen jiā yǒu sān ge rén.
例如：我们 家 有 三 个 人。
　　　Wǒ měi tiān zuò gōnggòng qìchē qù shàngbān.
　　　我 每 天 坐 公共 汽车 去 上班。

Xiànzài kāishǐ dì　tí：
现在 开始 第 1 题：

　　　Tā zǒuchūle fángjiān.
1. 他 走出了 房间。
　　　Nà ge xiǎoháir hěn bù gāoxìng.
2. 那 个 小孩儿 很 不 高兴。
　　　Tóngxué gěi wǒ yì běn Hànyǔshū.
3. 同学 给 我 一 本 汉语书。

4. 这个男人很想休息休息。

5. 累了吗？喝杯茶吧。

6. 姐姐和妹妹都是学生。

7. 我生病了，要吃点儿药。

8. 我和朋友们一起去看电影。

9. 让小女孩儿给大家跳个舞吧。

10. 我从那个商店买了很多菜。

第二部分

一共 10 个题，每题听两次。

例如：

男：你喜欢什么运动？

女：我最喜欢踢足球。

现在开始第 11 到 15 题：

11.
女：医生，我的牙怎么了？

男：让我来看一下。

12.

男： Kǎo shì dàjiā dōu kǎowán le ma?
考试 大家 都 考完 了 吗？

女： Hái yǒu sān ge xuésheng.
还 有 三 个 学生。

13.

女： Yǒu shénme shuǐguǒ?
有 什么 水果？

男： Zhuōzi shang yǒu yìxiē píngguǒ.
桌子 上 有 一些 苹果。

14.

女： Yǒu shénme nǐ xǐhuan de ma?
有 什么 你 喜欢 的 吗？

男： Zhèxiē wǒ juéde dōu búcuò.
这些 我 觉得 都 不错。

15.

男： Nǐ wèi shénme bù tīng wǒ shuō huà?
你 为 什么 不 听 我 说 话？

女： Wǒ bù xiǎng tīng.
我 不 想 听。

Xiànzài kāishǐ dì dào tí：
现在 开始 第16 到 20 题：

16.

男： Nǐ měi tiān jǐ diǎn shàngbān?
你 每 天 几 点 上班？

女： Wǒ měi tiān jiǔ diǎn dào gōngsī.
我 每 天 九 点 到 公司。

17.

女： Nín hái yào shénme?
您 还 要 什么？

男：Qǐng gěi wǒ yìdiǎnr mǐfàn, xièxie.
　　请 给 我 一点儿 米饭，谢谢。

18.
男：Nǐ zài zuò shénme ne?
　　你 在 做 什么 呢？
女：Wǒ xiànzài hěn máng, děng yíxià gěi nǐ huí diànhuà.
　　我 现在 很 忙， 等 一下 给 你 回 电话。

19.
女：hào shì tā de shēngrì?
　　14 号 是 她 的 生日？
男：Duì, wǒ xiě zài zhèr le.
　　对，我 写 在 这儿 了。

20.
男：Bù gōngzuò de shíhou, nǐ xiǎng zuò shénme?
　　不 工作 的 时候，你 想 做 什么？
女：Wǒ xiǎng qù yí ge piàoliang de dìfang lǚyóu.
　　我 想 去 一个 漂亮 的 地方 旅游。

Dì-sān bùfen
第三部分

Yígòng ge tí, měi tí tīng liǎng cì.
一共 10 个题，每题 听 两 次。

Lìrú：
例如：

男：Xiǎo Wáng, zhèli yǒu jǐ ge bēizi, nǎ ge shì nǐ de?
　　小 王，这里 有 几 个 杯子，哪 个 是 你 的？
女：Zuǒbian nà ge hóngsè de shì wǒ de.
　　左边 那 个 红色 的 是 我 的。
问：Xiǎo Wáng de bēizi shì shénme yánsè de?
　　小 王 的 杯子 是 什么 颜色 的？

Xiànzài kāishǐ dì tí:
现在 开始 第 21 题:

21.
女: Yí, Xiǎo Wáng, jīntiān zěnme zhème gāoxìng?
咦，小 王，今天 怎么 这么 高兴？

男: Wǒ zhǎodàole yí ge hǎo gōngzuò.
我 找到了 一 个 好 工作。

问: Nán de yīnwèi shénme shìqing gāoxìng?
男 的 因为 什么 事情 高兴？

22.
男: Xiǎo Lǐ, wǎnshang qī diǎn yìqǐ qù chàng gē, zěnmeyàng?
小 李，晚上 七 点 一起 去 唱 歌，怎么样？

女: Wǒ yě xiǎng qù, dànshì gōngzuò tài máng le.
我 也 想 去，但是 工作 太 忙 了。

问: Nǚ de shì shénme yìsi?
女 的 是 什么 意思？

23.
男: Zhè jiàn shìqing, nǐ gàosu Lǎo Lǐ le ma?
这 件 事情，你 告诉 老 李 了 吗？

女: Wǒ shàngwǔ jiù dǎ diànhuà gàosu tā le.
我 上午 就 打 电话 告诉 他 了。

问: Nǚ de shénme shíhou dǎ diànhuà de?
女 的 什么 时候 打 电话 的？

24.
男: Nǐ xiǎng zěnme qù Běijīng? Zuò huǒchē ma?
你 想 怎么 去 北京？坐 火车 吗？

女: Wǒ xiǎng zuò fēijī qù, kěyǐ kuài yìdiǎnr.
我 想 坐 飞机 去，可以 快 一点儿。

问: Nǚ de xiǎng zěnme qù Běijīng?
女 的 想 怎么 去 北京？

25.
女：　Míngtiān de kǎoshì, nǐ zhǔnbèi de zěnmeyàng le?
　　　明天 的 考试，你 准备 得 怎么样 了？

男：　Méi wèntí, wǒ yǐjīng zhǔnbèile yí ge xīngqī le.
　　　没问题，我 已经 准备了 一个 星期 了。

问：　Nán de zhǔnbèile duō cháng shíjiān?
　　　男 的 准备了 多 长 时间？

26.
男：　Xiǎo Zhāng wǔ yuè de shíhou hé shéi qù lǚyóu le?
　　　小 张 五月 的 时候 和 谁 去 旅游 了？

女：　Hé tā de nǚpéngyou a, nǐ bù zhīdào ma?
　　　和 他 的 女朋友 啊，你 不 知道 吗？

问：　Xiǎo Zhāng hé shéi qù lǚyóu le?
　　　小 张 和 谁 去 旅游 了？

27.
女：　Wǒ xiǎng mǎi yīfu, wǎnshang qù shāngdiàn ba!
　　　我 想 买 衣服，晚上 去 商店 吧！

男：　Jīntiān xīngqītiān, shāngdiàn rén tài duō, wǒ kàn míngtiān qù ba.
　　　今天 星期天，商店 人 太 多，我 看 明天 去 吧。

问：　Nán de xiǎng shénme shíhou qù shāngdiàn?
　　　男 的 想 什么 时候 去 商店？

28.
男：　Míngtiān wǎnshang wǒmen yì jiā qù kàn diànyǐng, hǎo ma?
　　　明天 晚上 我们 一家 去 看 电影，好 吗？

女：　Hǎo de, nǚ'ér zuì xǐhuan kàn diànyǐng le.
　　　好 的，女儿 最 喜欢 看 电影 了。

问：　Nán de shì nǚ de shénme rén?
　　　男 的 是 女 的 什么 人？

29.
女：　Wèi, shì Xiǎo Wáng ma? Wǒ shì Lǐ Lì.
　　　喂，是 小 王 吗？我 是 李丽。

男：　Duìbuqǐ, Xiǎo Wáng bú zài. Tā shí fēnzhōng hòu huílai.
　　　对不起，小 王 不 在。他 十 分钟 后 回来。

　　　　　Tāmen kěnéng zài zuò shénme?
问：他们 可能 在 做 什么？

30.
　　　　Á? Yì zhāng chēpiào jiù yào sānshí kuài? Bú shì èrshí ma?
女：啊？一 张 车票 就 要 三十 块？不 是 二十 吗？
　　　　Cóng shàng ge yuè kāishǐ jiù mài sānshí le.
男：从 上 个 月 开始 就 卖 三十 了。
　　　　Chēpiào duōshao qián yì zhāng?
问：车票 多少 钱 一 张？

　　　　　　　　Dì-sì bùfen
　　　　　　　第四 部分

Yígòng 5 ge tí, měi tí tīng liǎng cì.
一共 5 个 题，每 题 听 两 次。

　　　Lìrú:
例如：
　　　　Qǐng zài zhèr xiě nín de míngzi.
女：请 在 这儿 写 您 的 名字。
　　　　Shì zhèr ma?
男：是 这儿 吗？
　　　　Bú shì, shì zhèr.
女：不 是，是 这儿。
　　　　Hǎo, xièxie.
男：好，谢谢。
　　　　Nán de yào xiě shénme?
问：男 的 要 写 什么？

Xiànzài kāishǐ dì 31 tí:
现在 开始 第 31 题：

31.
　　　　Xià ge xīngqī, nǎ tiān wǎnshang nǐ yǒu shíjiān?
男：下 个 星期，哪 天 晚上 你 有 时间？
　　　　Jiù xīngqīwǔ wǎnshang bù xíng.
女：就 星期五 晚上 不 行。

男：Wèi shénme ne?
　　为 什么 呢？

女：Xīngqīwǔ wǎnshang yǒu wǒ zuì xǐhuan de diànshì a.
　　星期五 晚上 有 我 最 喜欢 的 电视 啊。

问：Xīngqīwǔ wǎnshang, nǚ de xǐhuan zuò shénme?
　　星期五 晚上，女 的 喜欢 做 什么？

32.
女：Zhè shì nǐ de nǚ'ér ma? zhēn piàoliang! Jǐ suì le?
　　这 是 你 的 女儿 吗？真 漂亮！几 岁 了？

男：Jīnnián wǔ suì le. Nǐ de érzi ne?
　　今年 五 岁 了。你 的 儿子 呢？

女：Wǒ érzi jīnnián qī suì, shàng xiǎoxué le.
　　我 儿子 今年 七 岁，上 小学 了。

男：Ó, yǐjīng shàng xiǎoxué le a!
　　哦，已经 上 小学 了 啊！

问：Nǚ de érzi jīnnián jǐ suì?
　　女 的 儿子 今年 几 岁？

33.
男：Xiǎo Lǐ, xǐhuan chī shénme jiù shuō, jīntiān wǒ qǐng nǐ.
　　小 李，喜欢 吃 什么 就 说，今天 我 请 你。

女：Wǒ xiǎng chī jīròu hé yú.
　　我 想 吃 鸡肉 和 鱼。

男：Hǎo de, nà hē shénme ne?
　　好 的，那 喝 什么 呢？

女：Lái bēi kāfēi ba.
　　来 杯 咖啡 吧。

问：Tāmen zuì kěnéng zài nǎr?
　　他们 最 可能 在 哪儿？

34.
男：Míngtiān bú shàng bān, wǒmen qù nǎr wánr?
　　明天 不 上 班，我们 去 哪儿 玩儿？

女：Hěn cháng shíjiān méi qù kàn bàba māma le.
　　很 长 时间 没 去 看 爸爸 妈妈 了。

男：Hǎo de, nà míngtiān jiù qù ba!
　　好 的，那 明天 就 去 吧！

女：那好，我现在就给他们打电话。
问：他们明天想去哪儿？

35.
男：这几天没看见你，你在忙什么呢？
女：快要考试了，我这几天忙着学习呢。
男：哦，什么时候考试？
女：下星期三。
问：女的这几天在做什么？

听力考试现在结束。

HSK（二级）全真模拟试题（第5套）听力材料

(音乐，30秒，渐弱)

Dàjiā hǎo! Huānyíng cānjiā HSK èrjí kǎoshì.
大家 好！ 欢迎 参加 HSK（二级）考试。

Dàjiā hǎo! Huānyíng cānjiā HSK èrjí kǎoshì.
大家 好！ 欢迎 参加 HSK（二级）考试。

Dàjiā hǎo! Huānyíng cānjiā HSK èrjí kǎoshì.
大家 好！ 欢迎 参加 HSK（二级）考试。

HSK èrjí tīnglì kǎoshì fēn sì bùfen, gòng tí.
HSK（二级）听力 考试 分 四 部分，共 35 题。

Qǐng dàjiā zhùyì, tīnglì kǎoshì xiànzài kāishǐ.
请 大家 注意，听力 考试 现在 开始。

Dì-yī bùfen
第一 部分

Yígòng ge tí, měi tí tīng liǎng cì.
一共 10 个 题，每 题 听 两 次。

Lìrú: Wǒmen jiā yǒu sān ge rén.
例如： 我们 家 有 三 个 人。

Wǒ měi tiān zuò gōnggòng qìchē qù shàngbān.
我 每 天 坐 公共 汽车 去 上班。

Xiànzài kāishǐ dì tí:
现在 开始 第 1 题：

Shēngrì kuàilè! Zhè shì wǒ sòng gěi nǐ de.
1. 生日 快乐！这 是 我 送 给 你 的。

Nǐ zuótiān mǎi de nà ge xīguā zhēn hǎochī.
2. 你 昨天 买 的 那 个 西瓜 真 好吃。

Qǐng gěi wǒ yì bēi kāfēi hǎo ma?
3. 请 给 我 一 杯 咖啡 好 吗？

Gēge fēicháng xǐhuan dǎ lánqiú.
4. 哥哥 非常 喜欢 打 篮球。

   Wǒ xǐhuan xiǎo māo.
5. 我 喜欢 小 猫。

   Xièxie nǐ gěi wǒ kāi mén.
6. 谢谢 你 给 我 开 门。

   Tā jīntiān zǎoshang qù pǎo bù le.
7. 她 今天 早上 去 跑 步 了。

   Jīntiān zhōngwǔ tā chī de shì mǐfàn.
8. 今天 中午 他 吃 的 是 米饭。

   Tā měi tiān dōu zuò gōnggòng qìchē qù gōngsī shàng bān.
9. 他 每 天 都 坐 公共 汽车 去 公司 上 班。

   Tāmen xīwàng zuò chuán qù.
10. 他们 希望 坐 船 去。

              Dì-èr   bùfēn
第二 部分

Yígòng   ge tí, měi tí tīng liǎng cì.
一共 10个 题, 每 题 听 两 次。

Lìrú:
例如:

       Nǐ xǐhuan shénme yùndòng?
男: 你 喜欢 什么 运动?

       Wǒ zuì xǐhuan tī zúqiú.
女: 我 最 喜欢 踢 足球。

Xiànzài kāishǐ dì   dào   tí:
   现在 开始 第11 到 15 题:

11.
       Nǐ juéde zhè jiàn yīfu zěnmeyàng?
女: 你 觉得 这 件 衣服 怎么样?

       Yánsè hěn hǎo, mǎi yí jiàn ba.
男: 颜色 很 好, 买 一 件 吧。

12.
男： Xiǎo Wáng, nǐ mèimei de diànhuà.
小 王，你 妹妹 的 电话。
女： Hǎo de, xièxie.
好 的，谢谢。

13.
女： Nǐ de shǒubiǎo zhēn piàoliang.
你 的 手表 真 漂亮。
男： Zhè shì shēngrì de shíhou qīzi sòng gěi wǒ de.
这 是 生日 的 时候 妻子 送 给 我 的。

14.
男： Shàngwǔ de kǎoshì zěnmeyàng?
上午 的 考试 怎么样？
女： Fēicháng hǎo, wǒ juéde wǒ néng kǎo dì-yī.
非常 好，我 觉得 我 能 考 第一。

15.
女： Kàndào le ma? Zuì zuǒbian zhè ge rén jiù shì wǒ.
看到 了 吗？最 左边 这 个 人 就 是 我。
男： Kàndào le, nǐ yòubian de shì Wáng yīshēng ma?
看到 了，你 右边 的 是 王 医生 吗？

xiànzài kāishǐ dì dào tí:
现在 开始 第16 到 20 题：

16.
男： Tā shì nǐ mèimei ma?
她 是 你 妹妹 吗？
女： Duì, tā zài yì jiā yīyuàn gōngzuò.
对，她 在 一 家 医院 工作。

17.
女： Nǐ xiànzài yóu yǒng yóu de zěnmeyàng?
你 现在 游 泳 游 得 怎么样？

Wǒ xuéle yí ge duō yuè le, dànshì yóu de hái bú tài hǎo.
男：我学了一个多月了，但是游得还不太好。

18.

Wǒ de Xiǎo Gǒu zhè jǐ tiān bú ài chī fàn, nín kàn tā shì bu shì shēng bìng le?
男：我的小狗这几天不爱吃饭，您看它是不是生病了？

Hǎo de, wǒ lái kànkan.
女：好的，我来看看。

19.

Xiǎo Wén, bàba huí jiā le ma?
女：小文，爸爸回家了吗？

Huílai le, tā xiànzài zhèngzài kàn diànshì ne.
男：回来了，他现在正在看电视呢。

20.

Jiàoshì li wèi shénme yí ge rén yě méiyǒu?
男：教室里为什么一个人也没有？

Dàjiā dōu chūqu yùndòng le.
女：大家都出去运动了。

Dì-sān bùfen
第三 部分

Yígòng ge tí, měi tí tīng liǎng cì.
一共 10 个题，每题听两次。

Lìrú:
例如：

Xiǎo Wáng, zhèli yǒu jǐ ge bēizi, nǎ ge shì nǐ de?
男：小王，这里有几个杯子，哪个是你的？

Zuǒbian nà ge hóngsè de shì wǒ de.
女：左边那个红色的是我的。

Xiǎo Wáng de bēizi shì shénme yánsè de?
问：小王的杯子是什么颜色的？

Xiànzài kāishǐ dì   tí：
现在 开始 第 21 题：

21.
　　Chī fàn le, bié kàn bàozhǐ le.
女：吃 饭 了，别 看 报纸 了。

　　Hǎo ba, nǐ jīntiān zuò shénme hǎochī de le?
男：好 吧，你 今天 做 什么 好吃 的 了？

　　Nǚ de ràng nán de zuò shénme?
问：女 的 让 男 的 做 什么？

22.
　　Nǐ zhīdào Chén xiǎojiě zhù nǎ ge fángjiān ma?
男：你 知道 陈 小姐 住 哪 个 房间 吗？

　　Tā jiù zhù wǒ pángbiān, sān èr líng fángjiān.
女：她 就 住 我 旁边， 三 二 零 房间。

　　Chén xiǎojie zhù nǎ ge fángjiān?
问：陈 小姐 住 哪 个 房间？

23.
　　Xià xuě le, jīntiān bǐ zuótiān lěng duō le.
女：下 雪 了，今天 比 昨天 冷 多 了。

　　Shì ma? Nà wǒ yào duō chuān diǎnr.
男：是 吗？那 我 要 多 穿 点儿。

　　Jīntiān shì shénme tiānqì?
问：今天 是 什么 天气？

24.
　　Diànyǐng kuài kāishǐ le, nǐ zěnme hái méi dào?
男：电影 快 开始 了，你 怎么 还 没 到？

　　Wǒ zài chūzūchē shang, lù shang chē hěn duō, nǐ děng wǒ jǐ fēnzhōng.
女：我 在 出租车 上，路 上 车 很 多，你 等 我 几 分钟。

　　Nǚ de xiànzài zài nǎr?
问：女 的 现在 在 哪儿？

25.
　　Nǐmen zuótiān tīle duō cháng shíjiān zúqiú?
女：你们 昨天 踢了 多 长 时间 足球？

男：Méi tī, bú shì xià yǔ le ma?
没踢，不是下雨了吗？

问：Nán de zuótiān wèi shénme méi tī zúqiú?
男的昨天为什么没踢足球？

26.
男：Huānyíng nín lái Běijīng, nín zhè shì dì-yī cì lái ba?
欢迎您来北京，您这是第一次来吧？

女：Bú shì, sān nián qián láiguo yí cì, dànshì zhè cì lái dōu kuài bú rènshi Běijīng le.
不是，三年前来过一次，但是这次来都快不认识北京了。

问：Nǚ de dì jǐ cì lái Běijīng?
女的第几次来北京？

27.
女：Wǒmen zuò gōnggòng qìchē qù ma?
我们坐公共汽车去吗？

男：Bù, cóng zhèr dào nàr hěn jìn, zǒu wǔ fēnzhōng jiù dào le.
不，从这儿到那儿很近，走五分钟就到了。

问：Tāmen zěnme qù?
他们怎么去？

28.
男：15 hào jiù shì nǐ de shēngrì le, xiǎng yào shénme? Xīn shǒujī zěnmeyàng?
15 号就是你的生日了，想要什么？新手机怎么样？

女：Gěi wǒ mǎi yí ge hóngsè de zìxíngchē ba.
给我买一个红色的自行车吧。

问：Nǚ de xiǎng yào shénme?
女的想要什么？

29.
女：Nǐ tīngcuò shíjiān le, tāmen sì diǎn bàn jiù zuò xiàochē qù jīchǎng le.
你听错时间了，他们四点半就坐校车去机场了。

男：Méi guānxi, xiànzài wǔ diǎn, wǒ kěyǐ zuò chūzūchē qù.
没关系，现在五点，我可以坐出租车去。

问：Nán de zěnme le?
男的怎么了？

30.

女：Nǐ hé érzi zài zhèr děng wǒ, wǒ qù mǎi huǒchēpiào.
你 和 儿子 在 这儿 等 我，我 去 买 火车票。

男：Wǒmen qù mǎi shuǐ, shí fēnzhōng hòu zài nà ge dà mén pángbiān jiàn ba.
我们 去 买 水，十 分钟 后 在 那个 大门 旁边 见 吧。

问：Shéi qù mǎi huǒchēpiào?
谁 去 买 火车票？

Dì-sì bùfen
第四 部分

Yígòng 5 ge tí, měi tí tīng liǎng cì.
一共 5 个 题，每 题 听 两 次。

Lìrú:
例如：

女：Qǐng zài zhèr xiě nín de míngzi.
请 在 这儿 写 您 的 名字。

男：Shì zhèr ma?
是 这儿 吗？

女：Bú shì, shì zhèr.
不 是，是 这儿。

男：Hǎo, xièxie.
好，谢谢。

问：Nán de yào xiě shénme?
男 的 要 写 什么？

Xiànzài kāishǐ dì 31 tí:
现在 开始 第 31 题：

31.

男：Fúwùyuán, jīntiān yǒu méiyǒu yú?
服务员，今天 有 没有 鱼？

女：Yú màiwán le, jīntiān de yángròu hěn hǎo, yào bu yào lái yìdiǎnr.
鱼 卖完 了，今天 的 羊肉 很 好，要 不 要 来 一点儿。

男：Kěyǐ, jiù chī yángròu ba, qǐng kuài yìdiǎnr.
可以，就 吃 羊肉 吧，请 快 一点儿。

女：Méi wèntí.
没 问题。

问：Tāmen zài nǎr?
他们 在 哪儿？

32.
女：Dōngdōng, bié kàn le, nǐ yǐjīng kànle liǎng ge xiǎoshí le.
东东，别 看 了，你 已经 看 了 两 个 小时 了。
男：Māma, zài kàn shí fēnzhōng.
妈妈，再 看 十 分钟。
女：Yǎnjing tài lèi le, xiūxi xiūxi zài kàn.
眼睛 太 累 了，休息 休息 再 看。
男：Míngtiān jiù yào kǎo shì le, wǒ hái méi zhǔnbèi hǎo ne.
明天 就 要 考试 了，我 还 没 准备 好 呢。
问：Nán de zài zuò shénme?
男 的 在 做 什么？

33.
男：Nǐ gěi háizi shǎo chī diǎnr, tā yǐjīng kuài liùshí gōngjīn le.
你 给 孩子 少 吃 点儿，他 已经 快 六十 公斤 了。
女：Chī dōngxi méi guānxi, duō yùndòng yùndòng jiù hǎo le.
吃 东西 没 关系，多 运动 运动 就 好 了。
男：Nà cóng míngtiān kāishǐ, wǒ ràng tā měi tiān yóu liǎng ge xiǎoshí yǒng.
那 从 明天 开始，我 让 他 每 天 游 两 个 小时 泳。
女：Liǎng ge xiǎoshí tài cháng le, yí ge xiǎoshí ba.
两 个 小时 太 长 了，一 个 小时 吧。
问：Nǚ de xiǎng ràng háizi yóu duō cháng shíjiān?
女 的 想 让 孩子 游 多 长 时间？

34.
女：Míngtiān xiàle kè wǒmen qù chàng gē, nǐ yě yìqǐ qù ba.
明天 下 了 课 我们 去 唱 歌，你 也 一起 去 吧。
男：Wǒ de gē chàng de bù hǎo, bú qù le.
我 的 歌 唱 得 不 好，不 去 了。
女：Méi guānxi, wǒ chàng de yě bù hǎo, chūqu chàng gē jiù shì wánr wanr.
没 关系，我 唱 得 也 不 好，出去 唱 歌 就 是 玩儿 玩儿。
男：Nà hǎo ba, míngtiān jiàn.
那 好 吧，明天 见。
问：Nán de shì shénme yìsi?
男 的 是 什么 意思？

35.

男：Nǐ de wèntí bú dà, wǒ gěi nǐ kāi diǎnr yào, chī diǎnr yào jiù huì hǎo de.
你的问题不大，我给你开点儿药，吃点儿药就会好的。

女：Zhè yào zěnme chī?
这药怎么吃？

男：Yì tiān chī sān cì, fàn hòu chī, hái yào duō hē shuǐ, duō xiūxi.
一天吃三次，饭后吃，还要多喝水，多休息。

女：Hǎo de, xièxie nín.
好的，谢谢您。

问：Nán de shì zuò shénme de?
男的是做什么的？

Tīnglì kǎoshì xiànzài jiéshù.
听力考试现在结束。

HSK（二级）全真模拟试题（第6套）听力材料

（音乐，30秒，渐弱）

大家 好！ 欢迎 参加 HSK（二级） 考试。

大家 好！ 欢迎 参加 HSK（二级） 考试。

大家 好！ 欢迎 参加 HSK（二级） 考试。

HSK（二级） 听力 考试 分 四 部分，共 35 题。

请 大家 注意，听力 考试 现在 开始。

第一 部分

一共 10 个 题，每 题 听 两 次。

例如：我们 家 有 三 个 人。

我 每 天 坐 公共 汽车 去 上班。

现在 开始 第 1 题：

1. 老师 告诉 大家 明天 不 上 课，这 太 好 了。
2. 我 最 喜欢 的 运动 是 踢 足球。
3. 妈妈，看 我 这儿，笑 一 个。

4. Jīntiān shì wǒ shēngrì, wǎnshang yìqǐ qù tiào wǔ ba.
   今天是我生日，晚上一起去跳舞吧。

5. Mèimei xǐhuan xià xuě tiān chūqu wánr.
   妹妹喜欢下雪天出去玩儿。

6. Tiānqì tài rè le, chī yí kuài xīguā ba.
   天气太热了，吃一块西瓜吧。

7. Xiǎo māo zhèngzài hē shuǐ.
   小猫正在喝水。

8. Wǒ juéde dú shū shì yí jiàn hěn kuàilè de shìqing.
   我觉得读书是一件很快乐的事情。

9. Wǒmen wǔ ge rén li Xiǎo Zhāng zuì gāo.
   我们五个人里小张最高。

10. Zhè shì wǒ dì-yī cì zuò chuán qù lǚyóu.
    这是我第一次坐船去旅游。

Dì'èr bùfēn
第二部分

Yígòng 10 ge tí, měi tí tīng liǎng cì.
一共10个题，每题听两次。

Lìrú:
例如：

男：Nǐ xǐhuan shénme yùndòng?
你喜欢什么运动？

女：Wǒ zuì xǐhuan tī zúqiú.
我最喜欢踢足球。

Xiànzài kāishǐ dì 11 dào 15 tí:
现在开始第11到15题：

11.
男：Zhè ge cài shì wǒ zuò de, nǐ duō chī yìdiǎnr.
这个菜是我做的，你多吃一点儿。

女：Zhēn hǎochī.
真好吃。

12.
男： Nǐ ràng wǒ jiǔ diǎn bàn dào? Bù kěnéng, xiànzài yǐjīng jiǔ diǎn le.
你让我九点半到？不可能，现在已经九点了。
女： Nà jiù shí diǎn ba.
那就十点吧。

13.
女： Zhè ge wèntí shéi lái huídá?
这个问题谁来回答？
男： Lǎoshī, ràng wǒ lái ba.
老师，让我来吧。

14.
男： Qǐngwèn, nǐ yào chī diǎnr shénme?
请问，你要吃点儿什么？
女： Nǐmen zhèr de yángròu shì zěnme zuò de?
你们这儿的羊肉是怎么做的？

15.
女： Nǐ de lánqiú dǎ de zhēn hǎo.
你的篮球打得真好。
男： Wǒ měi tiān dōu yào dǎ liǎng sān ge xiǎoshí.
我每天都要打两三个小时。

xiànzài kāishǐ dì 16 dào 20 tí:
现在开始第16到20题：

16.
男： Wèi, wǒ zài jīchǎng, nǐ dào nǎr le?
喂，我在机场，你到哪儿了？
女： Wǒ xià chē le, nǐ děng wǒ yíxià.
我下车了，你等我一下。

17.
女： Bàba, nǐ kàn wǒ xiě de hǎo bu hǎo?
爸爸，你看我写得好不好？

男：Zhèxiē dōu shì nǐ xiě de ma? Zhēn búcuò.
　　这些 都 是 你 写 的 吗？真 不错。

18.
男：Māma, zhè cì kǎo shì wǒ kǎole dì-yī.
　　妈妈，这 次 考 试 我 考 了 第一。
女：Shì ma? Chī fàn ba, chīle fàn zài shuō.
　　是 吗？吃 饭 吧，吃 了 饭 再 说。

19.
女：Bié kàn bàozhǐ le, lái bāng wǒ zuò fàn ba.
　　别 看 报纸 了，来 帮 我 做 饭 吧。
男：Ràng wǒ zài kàn wǔ fēnzhōng.
　　让 我 再 看 五 分钟。

20.
男：Cháng shíjiān kàn diànnǎo duì yǎnjīng bù hǎo, nǐ yào xiūxi yíxià.
　　长 时间 看 电脑 对 眼睛 不 好，你 要 休息 一下。
女：Wǒ yě zhīdào, dànshì gōngzuò tài duō le.
　　我 也 知道，但是 工作 太 多 了。

第三 部分
Dì-sān bùfen

Yígòng 10 ge tí, měi tí tīng liǎng cì.
一共 10 个 题，每 题 听 两 次。

例如：
Lìrú:

男：Xiǎo Wáng, zhèli yǒu jǐ ge bēizi, nǎ ge shì nǐ de?
　　小 王，这里 有 几 个 杯子，哪 个 是 你 的？
女：Zuǒbian nà ge hóngsè de shì wǒ de.
　　左边 那 个 红色 的 是 我 的。
问：Xiǎo Wáng de bēizi shì shénme yánsè de?
　　小 王 的 杯子 是 什么 颜色 的？

Xiànzài kāishǐ dì　　tí：
现在　开始　第21题：

21.
女：Zhè kuài shóubiǎo zhēn piàoliang, dànshì jiǔqiān yuán tài guì le.
　　这　块　手表　真　漂亮，但是　九千　元　太　贵　了。
男：Méi guānxi, nǐ xǐhuan wǒ jiù mǎile sòng gěi nǐ ba.
　　没　关系，你　喜欢　我　就　买了　送　给　你　吧。
问：Zhè kuài biǎo zěnmeyàng?
　　这　块　表　怎么样？

22.
男：Nǐ měi tiān zěnme lái gōngsī?
　　你　每　天　怎么　来　公司？
女：Zuò gōnggòng qìchē, dànshì jīntiān qǐ chuáng wǎn le, zuò chūzūchē lái de.
　　坐　公共　汽车，但是　今天　起　床　晚　了，坐　出租车　来　的。
问：Nǚ de jīntiān zěnme lái shàng bān de?
　　女　的　今天　怎么　来　上　班　的？

23.
女：Wǒ xiànzài liùshí gōngjīn le, bǐ qùnián duōle wǔ gōngjīn.
　　我　现在　六十　公斤　了，比　去年　多了　五　公斤。
男：Nǐ yào duō yùndòng, míngtiān hé wǒ qù yóu yǒng ba.
　　你　要　多　运动，明天　和　我　去　游　泳　吧。
问：Nán de ràng nǚ de zuò shénme?
　　男　的　让　女　的　做　什么？

24.
男：Wǒ xuéguo liǎng nián Hànyǔ, dànshì shuō de bú tài hǎo, nǐ néng bāngzhù wǒ ma?
　　我　学过　两　年　汉语，但是　说　的　不太　好，你　能　帮助　我　吗？
女：Méi wèntí.
　　没　问题。
问：Nán de Hànyǔ shuō de zěnmeyàng?
　　男　的　汉语　说　的　怎么样？

25.
女：我买这个黑颜色的手机吧，比白的便宜点儿。
男：但是黑的不漂亮。
问：女的为什么要买黑色的手机？

26.
男：服务员，我们等了快一个小时了，菜怎么还不来？
女：对不起，星期天人很多，我帮您看看去。
问：今天星期几？

27.
女：我家离火车站很近，我去买票吧。
男：好，那车上吃的喝的我和小张来准备。
问：谁去买火车票？

28.
男：你洗了这么多衣服，很累吧，来休息一下。
女：谢谢，能给我一杯咖啡吗？
问：女的想要什么？

29.
女：左边的房间是我的，右边的是我弟弟的。
男：你爸爸妈妈的房间在哪儿？

问：Nǎ ge shì dìdi de fángjiān?
哪个是弟弟的房间？

30.
男：Míngtiān jiù shì xīnnián le, nǐ xiǎng duì jiārén shuō diǎnr shénme?
明天就是新年了，你想对家人说点儿什么？

女：Wǒ xīwàng wǒ de zhàngfu hé háizǐ měi tiān dōu kuàilè.
我希望我的丈夫和孩子每天都快乐。

问：Jīntiān shì jǐ yuè jǐ hào?
今天是几月几号？

Dì-sì bùfen
第四部分

Yígòng 5 ge tí, měi tí tīng liǎng cì.
一共5个题，每题听两次。

Lìrú：
例如：

女：Qǐng zài zhèr xiě nín de míngzi.
请在这儿写您的名字。

男：Shì zhèr ma?
是这儿吗？

女：Bú shì, shì zhèr.
不是，是这儿。

男：Hǎo, xièxie.
好，谢谢。

问：Nán de yào xiě shénme?
男的要写什么？

Xiànzài kāishǐ dì 31 tí：
现在开始第31题：

31.
男：Wèi, nǐ wèi shénme hái méi dào ne?
喂，你为什么还没到呢？

女：Wǒ zhèngzài lù shang, kuài dào le, wǒmen shí diǎn cóng nǐ jiā qù huǒchēzhàn ma?
我正在路上，快到了，我们十点从你家去火车站吗？

男：Duì, nǐ néng zhǎodào wǒ jiā ma?
对，你 能 找到 我家 吗？

女：Néng, nǐ dào mén wài lái děng wǒ ba.
能，你 到 门 外 来 等 我 吧。

问：Nǚ de xiànzài yào qù nǎr?
女 的 现在 要 去 哪儿？

32.

女：Bàba, zhè ge zìxíngchē shì gěi wǒ mǎi de ma?
爸爸，这 个 自行车 是 给 我 买 的 吗？

男：Shì de, nǐ xǐhuan ma?
是 的，你 喜欢 吗？

女：Dànshì wǒ zuì xǐhuan de yánsè shì hóngsè.
但是 我 最 喜欢 的 颜色 是 红色。

男：Hóngsè de màiwán le, wǒ juéde hēisè de yě hěn piàoliang.
红色 的 卖完 了，我 觉得 黑色 的 也 很 漂亮。

问：Nán de wèi shénme méi mǎi hóngsè de zìxíngchē?
男 的 为 什么 没 买 红色 的 自行车？

33.

男：Zhè jǐ tiān nǐ tài máng le, jīntiān wǎnshang wǒ lái zuò fàn gěi nǐ chī ba.
这 几 天 你 太 忙 了，今天 晚上 我 来 做 饭 给 你 吃 吧。

女：Tài hǎo le, hěn duō nánrén dōu bǐ nǚrén zuò fàn zuò de hǎo.
太 好 了，很 多 男人 都 比 女人 做 饭 做 得 好。

男：Nǐ xiǎng chī shénme ne?
你 想 吃 什么 呢？

女：Wǒ zuì xǐhuan chī yú le.
我 最 喜欢 吃 鱼 了。

问：Tāmen zài shuō shénme?
他们 在 说 什么？

34.

女：Huānyíng nín lái wǒmen xuéxiào.
欢迎 您 来 我们 学校。

男：Hěn gāoxìng néng lái kàn yi kàn, nǐmen xuéxiào fēicháng piàoliang.
很 高兴 能 来 看 一 看，你们 学校 非常 漂亮。

女：Wǒ gěi nín jièshào yíxià, wǒ xiào xiàn yǒu jiǔqiān ge Zhōngguó xuésheng, liùbǎi
我 给 您 介绍 一下，我 校 现 有 九千 个 中国 学生， 六百

duō wàiguó xuésheng.
多 外国 学生。

Nà hái zhēn bù shǎo.
男：那 还 真 不 少。

Nǚ de xuéxiào yǒu duōshao wàiguó xuésheng?
问：女 的 学校 有 多少 外国 学生？

35.
　　Shàng cì shēng bìng hòu, xiànzài wǒ měi tiān zǎoshang dōu pǎo bù yí ge xiǎoshí.
男：上 次 生 病 后，现在 我 每 天 早上 都 跑步 一个 小时。

Pǎo nàme cháng shíjiān bú lèi ma?
女：跑 那么 长 时间 不 累 吗？

Bú huì de, yīnwèi wǒ shì màn pǎo.
男：不 会 的，因为 我 是 慢 跑。

Nà wǒ kěyǐ hé nǐ yìqǐ pǎo ma?
女：那 我 可以 和 你 一起 跑 吗？

Nǚ de shì shénme yìsi?
问：女 的 是 什么 意思？

Tīnglì kǎoshì xiànzài jiéshù.
听力 考试 现在 结束。

HSK（二级）全真模拟试题（第7套）听力材料

（音乐，30秒，渐弱）

Dàjiā hǎo! Huānyíng cānjiā　　 èrjí kǎoshì.
大家 好！ 欢迎 参加 HSK（二级）考试。

Dàjiā hǎo! Huānyíng cānjiā　　 èrjí kǎoshì.
大家 好！ 欢迎 参加 HSK（二级）考试。

Dàjiā hǎo! Huānyíng cānjiā　　 èrjí kǎoshì.
大家 好！ 欢迎 参加 HSK（二级）考试。

　　　　 èrjí tīnglì kǎoshì fēn sì bùfen, gòng　 tí.
HSK（二级）听力 考试 分 四 部分，共 35 题。

Qǐng dàjiā zhùyì, tīnglì kǎoshì xiànzài kāishǐ.
请 大家 注意，听力 考试 现在 开始。

　　　　　　Dì-yī bùfen
第一 部分

Yígòng　 ge tí, měi tí tīng liǎng cì.
一共 10 个 题，每 题 听 两 次。

Lìrú：Wǒmen jiā yǒu sān ge rén.
例如：我们 家 有 三 个 人。

　　　Wǒ měi tiān zuò gōnggòng qìchē qù shàngbān.
　　　我 每 天 坐 公共 汽车 去 上班。

Xiànzài kāishǐ dì　 tí:
现在 开始 第 1 题：

　　　Wǒ xǐhuān hé tóngxuémen yìqǐ xuéxí.
1. 我 喜欢 和 同学们 一起 学习。

　　　Wǒ měi tiān zǎoshang hē yì bēi niúnǎi, chī yí ge jīdàn.
2. 我 每 天 早上 喝 一 杯 牛奶，吃 一 个 鸡蛋。

　　　Tā hái yǒu hěn duō shū méi kànwán, dànshì tā tài lèi le.
3. 她 还 有 很 多 书 没 看完，但是 她 太 累 了。

Cóng wǒ jiā dào gōngsī yào zuò yí ge xiǎoshí gōnggòng qìchē.
4. 从我家到公司要坐一个小时公共汽车。

Tā zuò zài yǐzi shang.
5. 她坐在椅子上。

Háizǐ zhèngzài bāng māma xǐ yīfu.
6. 孩子正在帮妈妈洗衣服。

Māma shuō, wǒ bǐ qùnián gāole bù shǎo.
7. 妈妈说，我比去年高了不少。

Kàn bàozhǐ shí, tā xǐhuan lái yì bēi kāfēi.
8. 看报纸时，他喜欢来一杯咖啡。

Wǒ de érzi hé nǚ'ér zhèngzài xué yóu yǒng.
9. 我的儿子和女儿正在学游泳。

Wǎnshang, tā hé qīzi qù pǎo bù le.
10. 晚上，他和妻子去跑步了。

Dì-èr bùfen
第二部分

Yígòng 10 ge tí, měi tí tīng liǎng cì.
一共 10 个题，每题听两次。

Lìrú:
例如：

Nǐ xǐhuan shénme yùndòng?
男：你喜欢什么运动？

Wǒ zuì xǐhuan tī zúqiú.
女：我最喜欢踢足球。

Xiànzài kāishǐ dì 11 dào 15 tí:
现在开始第 11 到 15 题：

11.

Bàba, nǐ zuò de cài bǐ māma zuò de hái hǎochī.
女：爸爸，你做的菜比妈妈做的还好吃。

Shì ma? Nà nǐ duō chī diǎnr.
男：是吗？那你多吃点儿。

12.
男：Wèi, wǒ cóng jīchǎng chūlai le, nǐ hái yǒu duō cháng shíjiān dào?
喂，我 从 机场 出来 了，你 还 有 多 长 时间 到？

女：Zài děng wǒ liǎng fēnzhōng.
再 等 我 两 分钟。

13.
女：Gǒugou, nǐ de wǔfàn hǎochī ma?
狗狗，你 的 午饭 好吃 吗？

男：Nǐ zhēn yǒu yìsi, xiǎo gǒu zěnme néng tīng de dǒng nǐ shuō huà ne?
你 真 有 意思，小 狗 怎么 能 听 得 懂 你 说 话 呢？

14.
男：Yào bu yào qù yīyuàn kànkan?
要 不 要 去 医院 看看？

女：Méi guānxi, wǒ chī diǎnr yào jiù hǎo le.
没 关系，我 吃 点儿 药 就 好 了。

15.
女：Nǐ jiějie kǎo shì kǎo de zěnmeyàng? Tā wèi shénme bú gàosu wǒ?
你 姐姐 考试 考得 怎么样？ 她 为 什么 不 告诉 我？

男：Māma, nà wǒ gàosu nǐ, wǒ zhīdào.
妈妈，那 我 告诉 你，我 知道。

Xiànzài kāishǐ dì 16 dào 20 tí:
现在 开始 第 16 到 20 题：

16.
男：Yǐjīng shí diǎn le, māma zěnme hái bù qǐ chuáng?
已经 十点 了，妈妈 怎么 还 不 起 床？

女：Tā zhè ge xīngqī gōngzuò hěn máng, tài lèi le.
她 这 个 星期 工作 很 忙，太 累 了。

17.
女：Nǐ mǎile xīn zìxíngchē ma?
你 买了 新 自行车 吗？

男：Duì, shì wǒ zuì xiǎng yào de yánsè.
男：对，是我最想要的颜色。

18.
男：Dàjiā hái yǒu shénme yào wèn de ma?
男：大家还有什么要问的吗？
女：Lǎoshī, wǒ yǒu yí ge wèntí.
女：老师，我有一个问题。

19.
女：Zhè jiàn yīfu duōshao qián?
女：这件衣服多少钱？
男：Sānbǎiwǔ.
男：三百五。

20.
男：Nǐ nǚ'ér shénme shíhou kāishǐ xué tiào wǔ de?
男：你女儿什么时候开始学跳舞的？
女：Bā suì, yǐjīng xuéle bā nián le.
女：八岁，已经学了八年了。

Dì-sān bùfen
第三部分

Yígòng 10 ge tí, měi tí tīng liǎng cì.
一共10个题，每题听两次。

Lìrú:
例如：

男：Xiǎo Wáng, zhèli yǒu jǐ ge bēizi, nǎ ge shì nǐ de?
男：小王，这里有几个杯子，哪个是你的？
女：Zuǒbian nà ge hóngsè de shì wǒ de.
女：左边那个红色的是我的。
问：Xiǎo Wáng de bēizi shì shénme yánsè de?
问：小王的杯子是什么颜色的？

Xiànzài kāishǐ dì   tí:
现在 开始 第 21 题:

21.
女: Tīngshuō nǐ měi tiān dōu qù dǎ lánqiú, nǐ zěnme zhème xǐhuan dǎ lánqiú?
听说 你 每 天 都 去 打 篮球,你 怎么 这么 喜欢 打 篮球?

男: Yīnwèi lánqiú zhè ge yùndòng ràng wǒ hěn kuàilè.
因为 篮球 这 个 运动 让 我 很 快乐。

问: Nán de wèishénme xǐhuan dǎ lánqiú?
男 的 为什么 喜欢 打 篮球?

22.
男: Néng bāng wǒ kāi yíxià mén ma? Fángjiān li tài rè le.
能 帮 我 开 一下 门 吗? 房间 里 太 热 了。

女: Nǐ juéde rè? Wǒ zěnme hái lěng ne?
你 觉得 热? 我 怎么 还 冷 呢?

问: Nǚ de juéde zěnmeyàng?
女 的 觉得 怎么样?

23.
女: Wǒ zuótiān yóuguo yǒng le, wǒmen hái shì qù chàng gē ba.
我 昨天 游过 泳 了,我们 还是 去 唱 歌 吧。

男: Yě kěyǐ, wǒmen kāi chē qù ba.
也 可以,我们 开 车 去 吧。

问: Tāmen xiàwǔ yào zuò shénme?
他们 下午 要 做 什么?

24.
男: Zhè jiàn yīfu yìqiān yuán? Tài guì le ba!
这 件 衣服 一千 元? 太 贵 了 吧!

女: Yǐjīng piányíle wǔbǎi kuài le, zhè yīfu mài de fēicháng hǎo, míngtiān lái jiù méiyǒu le.
已经 便宜了 五百 块 了,这 衣服 卖 得 非常 好, 明天 来 就 没有 了。

问: Zhè jiàn yīfu xiànzài mài duōshao qián?
这 件 衣服 现在 卖 多少 钱?

25.
女： Xiǎo Běi, chīle fàn zài huíqu ba.
　　小北，吃了饭再回去吧。
男： Bù le, tiān dōu hēi le, wǒ jiā lí zhèr hěn yuǎn, wǒ děi zǒu le.
　　不了，天都黑了，我家离这儿很远，我得走了。
问： Xiànzài shì shénme shíhou?
　　现在是什么时候？

26.
男： Tiānqì zhēn rè, lái, chī kuài xīguā ba.
　　天气真热，来，吃块西瓜吧。
女： Wǒ bù xiǎng chī xīguā, yǒu shuǐ ma?
　　我不想吃西瓜，有水吗？
问： Nǚ de xiǎng yào shénme?
　　女的想要什么？

27.
女： Wèi, bàba, nǐ zěnme hái bù huí jiā?
　　喂，爸爸，你怎么还不回家？
男： Wǒ mǎiwán dōngxi jiù huí jiā, nǐ děngzhe wǒ, wǎnfàn wǒ lái zuò.
　　我买完东西就回家，你等着我，晚饭我来做。
问： Nán de xiànzài kěnéng zài nǎr?
　　男的现在可能在哪儿？

28.
男： Lǎoshī, zhème duō tí, wǒ zuò bu wán.
　　老师，这么多题，我做不完。
女： Nǐ bù shuō nàme duō huà jiù néng zuòwán le.
　　你不说那么多话就能做完了。
问： Nǚ de shì shénme yìsi?
　　女的是什么意思？

29.
男： Wǒ jīntiān tīle liǎng ge xiǎoshí zúqiú.
　　我今天踢了两个小时足球。
女： Hěn lèi ba, lái xǐ shǒu chī fàn ba.
　　很累吧，来洗手吃饭吧。

问：Nǚ de ràng nán de zuò shénme?
问：女的 让 男的 做 什么？

30.
女：Nǐ de yǎnjing zěnme zhème hóng?
女：你的 眼睛 怎么 这么 红？
男：Zuótiān wǎnshang gōngzuò dào shí'èr diǎn duō.
男：昨天 晚上 工作 到 十二 点 多。
问：Nán de zěnme le?
问：男的 怎么 了？

Dì-sì bùfen
第四 部分

Yígòng 5 ge tí, měi tí tīng liǎng cì.
一共 5个题，每题 听 两 次。

Lìrú：
例如：

女：Qǐng zài zhèr xiě nín de míngzi.
女：请 在 这儿 写 您的 名字。
男：Shì zhèr ma?
男：是 这儿 吗？
女：Bú shì, shì zhèr.
女：不是，是 这儿。
男：Hǎo, xièxie.
男：好，谢谢。
问：Nán de yào xiě shénme?
问：男的 要 写 什么？

Xiànzài kāishǐ dì 31 tí:
现在 开始 第31题：

31.
男：Māma, wǒ zhǎo bú dào wǒ de shǒujī le.
男：妈妈，我 找 不 到 我的 手机 了。

女：我看见电脑旁边有个手机，是不是你的？
男：这是爸爸的。
女：那你看看电视机上有没有？
问：男的在找什么？

32.
女：你什么时候去北京？
男：已经买好了星期五的票了。
女：东西都准备好了吗？
男：还没有，所以我星期三开始就不来公司了。
问：男的哪天去北京？

33.
男：服务员，菜太少了，再给我们来个鱼。
女：可以，还要什么？
男：给孩子一杯热牛奶。
女：好的，请等一下。
问：他们可能在哪儿？

34.
女：哥哥，一年前你就说要送我一块手表的。
男：我上班没到一个月呢，现在还没钱。

女：Děng nǐ yǒu qián le dōu xiǎng mǎi shénme?
等 你 有 钱 了 都 想 买 什么？

男：Wǒ yào gěi māma mǎi piàoliang yīfu, gěi bàba mǎi xīn shǒujī.
我 要 给 妈妈 买 漂亮 衣服，给 爸爸 买 新 手机。

问：Nán de gōngzuò duō cháng shíjiān le?
男 的 工作 多 长 时间 了？

35.

男：Wáng xiǎojiě, nín hǎo, wǒ xìng Liú, jiào Liú Dōng.
王 小姐，您 好，我 姓 刘，叫 刘 东。

女：Huānyíng nǐ lái wǒmen gōngsī.
欢迎 你 来 我们 公司。

男：Wǒ yǒu hěn duō dōngxi yào xiàng nín xuéxí, hái qǐng nín duōduō bāngzhù.
我 有 很 多 东西 要 向 您 学习，还 请 您 多多 帮助。

女：Dàjiā yìqǐ gōngzuò jiù shì péngyou le, bú yào kèqi.
大家 一起 工作 就 是 朋友 了，不 要 客气。

问：Tāmen zài shuō shénme?
他们 在 说 什么？

Tīnglì kǎoshì xiànzài jiéshù.
听力 考试 现在 结束。

HSK（二级）全真模拟试题（第8套）听力材料

（音乐，30秒，渐弱）

Dàjiā hǎo! Huānyíng cānjiā HSK èrjí kǎoshì.
大家 好！ 欢迎 参加 HSK（二级）考试。

Dàjiā hǎo! Huānyíng cānjiā HSK èrjí kǎoshì.
大家 好！ 欢迎 参加 HSK（二级）考试。

Dàjiā hǎo! Huānyíng cānjiā HSK èrjí kǎoshì.
大家 好！ 欢迎 参加 HSK（二级）考试。

HSK èrjí tīnglì kǎoshì fēn sì bùfen, gòng 35 tí.
HSK（二级）听力 考试 分 四 部分，共 35 题。

Qǐng dàjiā zhùyì, tīnglì kǎoshì xiànzài kāishǐ.
请 大家 注意，听力 考试 现在 开始。

第一部分
Dì-yī bùfen

Yígòng 10 ge tí, měi tí tīng liǎng cì.
一共 10 个 题，每 题 听 两 次。

Lìrú: Wǒmen jiā yǒu sān ge rén.
例如：我们 家 有 三 个 人。

Wǒ měi tiān zuò gōnggòng qìchē qù shàngbān.
我 每 天 坐 公共 汽车 去 上班。

Xiànzài kāishǐ dì 1 tí:
现在 开始 第 1 题：

Nà ge hē shuǐ de rén shì tā zhàngfu.
1. 那 个 喝 水 的 人 是 她 丈夫。

Lù biān yǒu hěn duō zìxíngchē.
2. 路 边 有 很 多 自行车。

Wǒ mǎidào diànyǐngpiào le.
3. 我 买到 电影票 了。

4. Xià dà xuě le, wǒmen zuòle ge xuěrén.
   下 大 雪 了，我们 做了 个 雪人。

5. Wǒ lèi le, xiǎng zài jiā xiūxi xiūxi.
   我 累 了，想 在 家 休息 休息。

6. Tāmen yìqǐ dǎ lánqiú, fēicháng gāoxìng.
   他们 一起 打 篮球，非常 高兴。

7. Xiǎojiě, qǐngwèn zhè jiàn duōshao qián?
   小姐，请问 这 件 多少 钱？

8. Wǒ gēge zuò gōnggòng qìchē qù shàngbān.
   我 哥哥 坐 公共 汽车 去 上班。

9. Zhè ge fángzi bú tài dà, dànshì hěn xīn.
   这 个 房子 不 太 大，但是 很 新。

10. Dōu shí diǎn le, tā hái méi qǐ chuáng.
    都 十 点 了，她 还 没 起 床。

Dì-èr bùfen
第二 部分

Yígòng 10 ge tí, měi tí tīng liǎng cì.
一共 10 个 题，每 题 听 两 次。

Lìrú:
例如：

男：Nǐ xǐhuan shénme yùndòng?
    你 喜欢 什么 运动？

女：Wǒ zuì xǐhuan tī zúqiú.
    我 最 喜欢 踢 足球。

Xiànzài kāishǐ dì 11 dào 15 tí:
现在 开始 第 11 到 15 题：

11.
男：Zhè tí nǎr cuò le?
    这 题 哪儿 错 了？

女：Wǒ kànkan.
    我 看看。

12.

女： Nǐ xiànzài zěnme zhème hēi?
你 现在 怎么 这么 黑？

男： Wǒ xiànzài tiāntiān dōu qù yóu yǒng.
我 现在 天天 都 去 游泳。

13.

男： Yīshēng shuō nǐ de shēntǐ méi shénme wèntí.
医生 说 你 的 身体 没 什么 问题。

男： Xièxie nǐ lái kàn wǒ.
谢谢 你 来 看 我。

14.

女： Nǐ xiǎng hē kāfēi hái shì chá?
你 想 喝 咖啡 还是 茶？

男： Wǒ hái shì hē shuǐ ba.
我 还是 喝 水 吧。

15.

男： Dōu děngle èrshí fēnzhōng le.
都 等了 二十 分钟 了。

女： Nǐ kàn, chē lái le!
你 看，车 来 了！

Xiànzài kāishǐ dì 16 dào 20 tí:
现在 开始 第16 到 20 题：

16.

女： Nǐ zhè jiàn yīfu xiǎo le.
你 这 件 衣服 小 了。

男： Wǒ hái shì chuān nà jiàn ba.
我 还是 穿 那 件 吧。

17.

男： Chī fàn bié kàn bàozhǐ.
吃 饭 别 看 报纸。

Wǒ zài kàn yì fēnzhōng.
女：我 再 看 一 分钟。

18.
　　Nǐ tiào wǔ tiào de zěnmeyàng?
女：你 跳 舞 跳 得 怎么样？
　　Wǒ xuéguo sān nián ne.
男：我 学过 三 年 呢。

19.
　　Zhè kuài shǒubiǎo duōshao qián?
男：这 块 手表 多少 钱？
　　Liǎngbǎi kuài.
女：两百 块。

20.
　　Wǒ sòng nǐ qù jīchǎng ba.
女：我 送 你 去 机场 吧。
　　Méi guānxi, wǒ zuò chūzūchē qù.
女：没 关系，我 坐 出租车 去。

Dì-sān bùfen
第三 部分

Yígòng 10 ge tí, měi tí tīng liǎng cì.
一共 10 个题，每题 听 两 次。

Lìrú：
例如：
　　Xiǎo Wáng, zhèli yǒu jǐ ge bēizi, nǎ ge shì nǐ de?
男：小 王，这里 有 几 个 杯子，哪个 是 你 的？
　　Zuǒbian nà ge hóngsè de shì wǒ de.
女：左边 那个 红色 的 是 我 的。
　　Xiǎo Wáng de bēizi shì shénme yánsè de?
问：小 王 的 杯子 是 什么 颜色 的？

Xiànzài kāishǐ dì 21 tí:
现在 开始 第21题：

21.
   Nǐ zhīdào shénme shíhou kǎo shì ma?
男：你 知道 什么 时候 考 试 吗？
   Lǎoshī shuō le, sì yuè shí hào.
女：老师 说 了，四 月 十 号。
   Tāmen shénme shíhou kǎo shì?
问：他们 什么 时候 考 试？

22.
   Wǎnshang wǒ bù xiǎng zuò fàn le, chūqu chī ba.
女：晚上 我 不 想 做 饭 了，出去 吃 吧。
   Nǐ xiūxi xiūxi, jīntiān wǒ lái zuò fàn.
男：你 休息 休息，今天 我 来 做 饭。
   Nán de wǎnshang xiǎng zài nǎr chī fàn?
问：男 的 晚上 想 在 哪儿 吃 饭？

23.
   Nǐ gěi dàjiā chàng ge gē ba.
男：你 给 大家 唱 个 歌 吧。
   Wǒ bú tài huì chàng gē, zhèyàng ba, wǒ gěi dàjiā tiào ge wǔ.
女：我 不 太 会 唱 歌，这样 吧，我 给 大家 跳 个 舞。
   Nǚ de xiǎng zuò shénme?
问：女 的 想 做 什么？

24.
   Nǐ kànkan, dōu jǐ diǎn le? Zěnme zhème wǎn?
女：你 看看，都 几 点 了？怎么 这么 晚？
   Jīntiān bìngrén fēicháng duō, xiàbān wǎn le.
男：今天 病人 非常 多，下班 晚 了。
   Nán de wèi shénme lái de wǎn?
问：男 的 为 什么 来 得 晚？

25.
男： Wèi, qǐngwèn Wáng lǎoshī zài ma?
喂，请问 王 老师 在 吗？

女： Duìbuqǐ, nín dǎcuò le.
对不起，您 打错 了。

问： Nǚ de shì shénme yìsi?
女 的 是 什么 意思？

26.
女： Xiǎo Zhāng yì jiā lái Běijīng lǚyóu le.
小 张 一家 来 北京 旅游 了。

男： Tài hǎo le, wǎnshang wǒmen yìqǐ qǐng tāmen chī fàn ba.
太 好 了， 晚上 我们 一起 请 他们 吃 饭 吧。

问： Wǎnshang tāmen zhǔnbèi zuò shénme?
晚上 他们 准备 做 什么？

27.
男： Qǐngwèn, Hànyǔkè jiàoshì zài nǎr?
请问， 汉语课 教室 在 哪儿？

女： 220 jiàoshì, xiàng qián zǒu liǎng sān fēnzhōng, jiù zài nǐ de zuǒshǒu.
220 教室， 向 前 走 两 三 分钟， 就 在 你 的 左手。

问： Hànyǔkè jiàoshì zài nǎr?
汉语课 教室 在 哪儿？

28.
女： Bà, wǎnshang wǒ huí jiā chī fàn, wǒ xiǎng chī nǐ zuò de niúròu.
爸， 晚上 我 回家 吃饭，我 想 吃 你 做 的 牛肉。

男： Zhīdào le, bàba xiànzài jiù qù mǎi cài.
知道 了，爸爸 现在 就 去 买 菜。

问： Nǚ de xiǎng chī shénme?
女 的 想 吃 什么？

29.
男： Kǎowán shì le, zhēn gāoxìng!
考完 试 了， 真 高兴！

女： Nà wǒmen yìqǐ qù kàn diànyǐng ba.
那 我们 一起 去 看 电影 吧。

Nán de wèi shénme gāoxìng?
问：男的为什么高兴？

30.
Wǒ de shǒujī ne? Yòu zhǎo bu dào le!
女：我的手机呢？又找不到了！

Shì nà ge báisè de ma? Wǒ bāng nǐ zhǎo.
男：是那个白色的吗？我帮你找。

Nǚ de zài zhǎo shénme?
问：女的在找什么？

Dì-sì bùfen
第四部分

Yígòng ge tí, měi tí tīng liǎng cì.
一共 5 个题，每题听两次。

Lìrú:
例如：

Qǐng zài zhèr xiě nín de míngzi.
女：请在这儿写您的名字。

Shì zhèr ma?
男：是这儿吗？

Bú shì, shì zhèr.
女：不是，是这儿。

Hǎo, xièxie.
男：好，谢谢。

Nán de yào xiě shénme?
问：男的要写什么？

Xiànzài kāishǐ dì tí:
现在开始第 31 题：

31.
Xià yǔ le, zuò chūzūchē qù ba.
女：下雨了，坐出租车去吧。

男：Diànyǐng shénme shíhou kāishǐ?
电影 什么 时候 开始？

女：Qī diǎn kāishǐ, xiànzài liù diǎn bàn.
七点 开始，现在 六点 半。

男：Nà wǒmen zuò qìchē qù ba, shí fēnzhōng jiù dào le.
那 我们 坐 汽车 去 吧，十 分钟 就 到 了。

问：Tāmen zěnme qù diànyǐngyuàn?
他们 怎么 去 电影院？

32.

男：Zhè ge Hànzì shì shénme yìsi?
这 个 汉字 是 什么 意思？

女：Duìbuqǐ, wǒ yě bù zhīdào.
对不起，我 也 不 知道。

男：Nà wǒmen qù wènwen lǎoshī ba.
那 我们 去 问问 老师 吧。

女：Méi guānxi, wǒmen zài diànnǎo shang zhǎozhao.
没 关系，我们 在 电脑 上 找找。

问：Tāmen zhǔnbèi zuò shénme?
他们 准备 做 什么？

33.

女：Qǐngwèn, nín xiǎng hē shénme?
请问，您 想 喝 什么？

男：Nǐmen zhèr yǒu kāfēi ma?
你们 这儿 有 咖啡 吗？

女：Duìbuqǐ, wǒmen diàn méiyǒu, dàn wǒmen yǒu chá.
对不起，我们 店 没有，但 我们 有 茶。

问：Nán de xiǎng hē shénme?
男 的 想 喝 什么？

34.

男：Míngtiān tiānqì zěnmeyàng?
明天 天气 怎么样？

女：Shǒujī shang shuō shì qíngtiān, bǐ jīntiān rè.
手机 上 说 是 晴天，比 今天 热。

男：Nà tài hǎo le, wǒmen yìqǐ qù yóuyǒng ba.
那 太 好 了，我们 一起 去 游泳 吧。

女：Hǎo de, wǒ yě hěn xiǎng qù.
　　好的，我也很想去。

问：Míngtiān tiānqì zěnmeyàng?
　　明天天气怎么样？

35.
女：Nǐ bàba yǒu qīshí le ba?
　　你爸爸有七十了吧？

男：Méi cuò, qīshí'èr suì le.
　　没错，七十二岁了。

女：Wǒ zuótiān zài jīchǎng kànjian tā le, tā shì qù lǚyóu ba?
　　我昨天在机场看见他了，他是去旅游吧？

男：Bú shì, tā qù Běijīng kàn wǒ gēge.
　　不是，他去北京看我哥哥。

问：Tā bàba wèi shénme qù jīchǎng?
　　他爸爸为什么去机场？

Tīnglì kǎoshì xiànzài jiéshù.
听力考试现在结束。

HSK（二级）全真模拟试题（第9套）听力材料

（音乐，30秒，渐弱）

Dàjiā hǎo! Huānyíng cānjiā èrjí kǎoshì.
大家 好！ 欢迎 参加 HSK（二级）考试。

Dàjiā hǎo! Huānyíng cānjiā èrjí kǎoshì.
大家 好！ 欢迎 参加 HSK（二级）考试。

Dàjiā hǎo! Huānyíng cānjiā èrjí kǎoshì.
大家 好！ 欢迎 参加 HSK（二级）考试。

　　　　èrjí tīnglì kǎoshì fēn sì bùfen, gòng tí.
HSK（二级）听力 考试 分 四 部分， 共 35题。

Qǐng dàjiā zhùyì, tīnglì kǎoshì xiànzài kāishǐ.
请 大家 注意，听力 考试 现在 开始。

　　　　　　Dì-yī bùfen
第一 部分

Yígòng　ge tí, měi tí tīng liǎng cì.
一共 10个 题，每 题 听 两 次。

Lìrú：Wǒmen jiā yǒu sān ge rén.
例如： 我们 家 有 三 个 人。

　　　Wǒ měi tiān zuò gōnggòng qìchē qù shàngbān.
　　　我 每 天 坐 公共 汽车 去 上班。

Xiànzài kāishǐ dì　tí：
现在 开始 第 1 题：

　　Jièshào yíxià, zhè shì wǒ qīzi.
1. 介绍 一下，这 是 我 妻子。

　　Jīchǎng wàimian yǒu hěn duō chūzūchē.
2. 机场 外面 有 很 多 出租车。

　　Xiǎo yú shì shēngrì shí jiějie sòng wǒ de.
3. 小 鱼 是 生日 时 姐姐 送 我 的。

4. 八点了，她还没起床。

5. 今天是晴天，我想出去走一走。

6. 你的电脑怎么了？我帮你看看。

7. 服务员，我要一杯咖啡。

8. 先去洗手，洗完手再吃饭。

9. 从这儿向前走十分钟就到了。

10. 医生，我是不是可以出院了？

第二部分

一共 10 个题，每题听两次。

例如：

男：你喜欢什么运动？

女：我最喜欢踢足球。

现在开始第 11 到 15 题：

11.

女：电视上怎么说？

男：明天要下雨。

12.

女： Nǐ yǒu shénme wèntí?
　　你 有 什么 问题？

男： Lǎoshī, zhè ge zì wǒ bù dǒng.
　　老师，这 个 字 我 不 懂。

13.

男： Jīdàn duōshao qián yì jīn?
　　鸡蛋 多少 钱 一 斤？

女： Wǔ kuài liù.
　　五 块 六。

14.

女： Nǐ chàng de zhēn hǎo tīng.
　　你 唱 得 真 好 听。

男： Xièxie, nǐ chàng de yě búcuò.
　　谢谢，你 唱 得 也 不错。

15.

男： Wèi, wǎnshang chūqu chī ba?
　　喂， 晚上 出去 吃 吧？

女： Wǒ yǐjīng zài zhǔnbèi fàn cài le.
　　我 已经 在 准备 饭菜 了。

Xiànzài kāishǐ dì 16 dào 20 tí:
现在 开始 第16 到 20 题：

16.

女： Nǐ zěnme zhème gāoxìng?
　　你 怎么 这么 高兴？

男： Wǒ qīzi shuō tā jīntiān jiù cóng Běijīng huílai le.
　　我 妻子 说 她 今天 就 从 北京 回来 了。

17.

男： Nǐ kàndào Xiǎomíng le ma?
　　你 看到 小明 了 吗？

女：Tā zài jiàoshì kàn shū ne.
他 在 教室 看 书 呢。

18.
女：Wǒ dào jiā gěi nǐmen dǎ diànhuà.
我 到 家 给 你们 打 电话。
男：Nǐ néng lái wǒmen fēicháng gāoxìng, zàijiàn!
你 能 来 我们 非常 高兴， 再见！

19.
男：Zhè shì nǐ dì-yī cì lái Běijīng lǚyóu ma?
这 是 你 第一 次 来 北京 旅游 吗？
女：Bú shì, wǒ láiguo liǎng cì le.
不 是，我 来过 两 次 了。

20.
女：Nà shì nǐ de xīn zìxíngchē ma?
那 是 你 的 新 自行车 吗？
男：Yánsè hěn hǎokàn, shì ba?
颜色 很 好看， 是 吧？

Dì-sān bùfen
第三 部分

Yígòng ge tí, měi tí tīng liǎng cì.
一共 10 个题， 每 题 听 两 次。

Lìrú:
例如：

男：Xiǎo Wáng, zhèli yǒu jǐ ge bēizi, nǎ ge shì nǐ de?
小 王， 这里 有 几 个 杯子， 哪 个 是 你 的？
女：Zuǒbian nà ge hóngsè de shì wǒ de.
左边 那 个 红色 的 是 我 的。
问：Xiǎo Wáng de bēizi shì shénme yánsè de?
小 王 的 杯子 是 什么 颜色 的？

Xiànzài kāishǐ dì 21 tí:
现在 开始 第 21 题：

21.
男：天气 晴 了，我们 去 跑步，你 去 吗？
女：我 想 去，但是 我 要 准备 考试。
问：女 的 是 什么 意思？

22.
女：别 看 电脑 了，对 眼睛 不 好，休息 休息 吧！
男：那 我 帮 你 洗 菜 吧。
问：男 的 准备 做 什么？

23.
男：你 哥哥 什么 时候 回来？
女：他 明天 回来，下 星期 走。
问：她 哥哥 什么 时候 回来？

24.
女：这么 快？你 没 去 看 电影 吗？
男：票 卖完 了，我 就 去 旁边 的 书店 看 了 看。
问：男 的 为 什么 没 看 电影？

25.
男： Qǐngwèn, nín juéde wǒmen fàndiàn zěnmeyàng?
请问，您 觉得 我们 饭店 怎么样？
女： Cài hěn hǎochī, fúwù yě hái kěyǐ, xià cì wǒmen hái huì lái de.
菜 很 好吃，服务 也 还 可以，下 次 我们 还 会 来 的。
问： Zhè jiā fàndiàn zěnmeyàng?
这 家 饭店 怎么样？

26.
女： Zhèxiē yǐzi wǒmen huì sòngdào nín jiāli de.
这些 椅子 我们 会 送到 您 家里 的。
男： Xièxie, nǐmen dàole jiù dǎ zhè ge diànhuà, wǒ gěi nǐmen kāi mén.
谢谢，你们 到了 就 打 这 个 电话，我 给 你们 开 门。
问： Nán de zài nǎr?
男 的 在 哪儿？

27.
男： Nǐ kàn shangqù hěn lèi, shì bu shì shēng bìng le?
你 看 上去 很 累，是 不 是 生 病 了？
女： Méi guānxi, zuótiān wǎnshang hé péngyou qù chàng gē le, méi shuìhǎo.
没 关系，昨天 晚上 和 朋友 去 唱 歌 了，没 睡好。
问： Nǚ de zěnme le?
女 的 怎么 了？

28.
女： Bà, xiànzài de rén dōu ài kàn diànnǎo, diànnǎo shang shénme shìqing dōu yǒu!
爸，现在 的 人 都 爱 看 电脑，电脑 上 什么 事情 都 有！
男： Wǒ hái shì xǐhuan kàn bàozhǐ, duì yǎnjing hǎo.
我 还 是 喜欢 看 报纸，对 眼睛 好。
问： Nán de ài kàn shénme?
男 的 爱 看 什么？

29.
男： Hē bēi chá ba, wàimian tiānqì lěng ba?
喝 杯 茶 吧，外面 天气 冷 吧？
女： Diànshì shang shuō jīntiān tiān qíng, dànshì cóng zǎoshang jiù kāishǐ xià xuě le.
电视 上 说 今天 天 晴，但是 从 早上 就 开始 下 雪 了。

　　　　Jīntiān tiānqì zěnmeyàng?
问：今天 天气 怎么样？

30.
　　　　Wǎnshang liù diǎn wǒ zài kāfēidiàn mén kǒu děng nǐ.
女：晚上 六点 我 在 咖啡店 门 口 等 你。
　　　　Wǒ jīntiān wǔ diǎn bàn xià bān, kěnéng huì wǎn shí fēnzhōng dào.
男：我 今天 五点 半 下班，可能 会 晚 十 分钟 到。
　　　　Nán de jīntiān jǐ diǎn xià bān?
问：男 的 今天 几点 下班？

　　　　　　　　　　　　　　Dì-sì bùfen
　　　　　　　　　　　　　第四 部分

Yígòng　 ge tí, měi tí tīng liǎng cì.
一共 5 个 题，每 题 听 两 次。

Lìrú：
例如：
　　　　Qǐng zài zhèr xiě nín de míngzi.
女：请 在 这儿 写 您 的 名字。
　　　　Shì zhèr ma?
男：是 这儿 吗？
　　　　Bú shì, shì zhèr.
女：不是，是 这儿。
　　　　Hǎo, xièxie.
男：好，谢谢。
　　　　Nán de yào xiě shénme?
问：男 的 要 写 什么？

Xiànzài kāishǐ dì　 tí：
现在 开始 第 31 题：

31.
　　　　Qǐngwèn, zhè běn shū hái yǒu xīn de ma?
女：请问，这 本 书 还 有 新 的 吗？

— 79 —

男：Méiyǒu, jiù zhè yì běn le.
没有，就这一本了。

女：Nàbian shì bu shì yǒu xīn de? Wǒ zhēn de xiǎng mǎi.
那边是不是有新的？我真的想买。

男：Duìbuqǐ, nàbian dōu shì xiǎoháizi de shū.
对不起，那边都是小孩子的书。

问：Tāmen kěnéng zài nǎr?
他们可能在哪儿？

32.
男：Bié máng le, qù chī diǎnr dōngxi ba.
别忙了，去吃点儿东西吧。

女：Nà qù gōngsī pángbiān nà jiā kāfēidiàn ba.
那去公司旁边那家咖啡店吧。

男：Hǎo de, nà jiā diàn de fàn cài yě búcuò.
好的，那家店的饭菜也不错。

女：Nà wǒmen zǒuzhe qù ba, yùndòng yùndòng!
那我们走着去吧，运动运动！

问：Tāmen xiǎng qù zuò shénme?
他们想去做什么？

33.
女：Nǐ jīnnián de kè zěnme zhème shǎo?
你今年的课怎么这么少？

男：Wǒ zhǎodào gōngzuò le.
我找到工作了。

女：Gōngsī lí xuéxiào shì bu shì hěn yuǎn?
公司离学校是不是很远？

男：Shì de, suǒyǐ wǒ shàng liǎng mén kè.
是的，所以我上两门课。

问：Nán de shàng de kè wèi shénme hěn shǎo?
男的上的课为什么很少？

34.
男：Huǒchē lái le, kuài shàng chē ba.
火车来了，快上车吧。

女：Xièxie, xièxie! huānyíng qù Běijīng lǚyóu.
谢谢，谢谢！欢迎去北京旅游。

男：Děng háizǐ kǎowán shì, wǒ zhǔnbèi hé tā yìqǐ qù Běijīng wánr.
男：等孩子考完试，我准备和他一起去北京玩儿。

女：Hǎo de! Dàole Běijīng gěi wǒ dǎ shǒujī.
女：好的！到了北京给我打手机。

问：Nán de zài zuò shénme?
问：男的在做什么？

35.
女：Xiànzài kuài shí'èr diǎn le ba?
女：现在快十二点了吧？

男：Wǒ kànkan. Duì, yǐjīng shíyī diǎn wǔshí le.
男：我看看。对，已经十一点五十了。

女：Nǐ de biǎo zhēn piàoliang! Shénme shíhou mǎi de?
女：你的表真漂亮！什么时候买的？

男：Zhè shì shēngrì nà tiān wǒ bà sòng wǒ de.
男：这是生日那天我爸送我的。

问：Nán de bàba sòng tā shénme le?
问：男的爸爸送他什么了？

Tīnglì kǎoshì xiànzài jiéshù.
听力考试现在结束。

HSK（二级）全真模拟试题（第10套）听力材料

（音乐，30秒，渐弱）

Dàjiā hǎo! Huānyíng cānjiā　　　èrjí　kǎoshì.
大家　好！欢迎　参加　HSK（二级）考试。
Dàjiā hǎo! Huānyíng cānjiā　　　èrjí　kǎoshì.
大家　好！欢迎　参加　HSK（二级）考试。
Dàjiā hǎo! Huānyíng cānjiā　　　èrjí　kǎoshì.
大家　好！欢迎　参加　HSK（二级）考试。

　　　　　èrjí　tīnglì kǎoshì fēn sì bùfen, gòng　　tí.
HSK（二级）听力　考试　分 四 部分，共 35 题。
Qǐng dàjiā zhùyì,　tīnglì kǎoshì xiànzài kāishǐ.
请　大家 注意，听力 考试　现在　开始。

　　　　　　　　　Dì-yī bùfen
　　　　　　　第一 部分

Yígòng　　ge tí, měi tí tīng liǎng cì.
一共 10 个 题，每 题 听　两　次。

Lìrú: Wǒmen jiā yǒu sān ge rén.
例如：我们　家 有　三 个 人。
　　　Wǒ měi tiān zuò gōnggòng qìchē qù shàngbān.
　　　我　每　天　坐　公共　汽车　去　上班。

Xiànzài kāishǐ dì　tí:
现在　开始 第 1 题：

　　　Wǒ zhàngfu měi tiān dōu pǎo bù qù gōngsī.
1. 我　丈夫　每　天　都　跑　步 去　公司。
　　Dàjiā dōu zài kǎo shì, méi rén shuō huà.
2. 大家 都 在 考 试，没 人 说 话。
　　Tiān tài rè le, háizimen zài wánr shuǐ.
3. 天 太 热 了，孩子们 在 玩儿 水。

4. Jīntiān zǎoshang de bàozhǐ hái méi mǎi ne.
   今天 早上 的 报纸 还 没 买 呢。

5. Tā yóu yǒng yóu de lèi le, xiànzài zài pángbiān xiūxi ne.
   她 游 泳 游 得 累 了,现在 在 旁边 休息 呢。

6. Cài lěngle jiù bù hǎochī le, kuài chī ba.
   菜 冷 了 就 不 好吃 了,快 吃 吧。

7. Zhè yào duì shēntǐ hǎo, yì tiān liǎng cì.
   这 药 对 身体 好,一 天 两 次。

8. Shǒujī zài wǒ fángjiān de zhuōzi shang.
   手机 在 我 房间 的 桌子 上。

9. Xiānsheng, néng wèn nín yí ge wèntí ma?
   先生, 能 问 您 一 个 问题 吗?

10. Xiàng zuǒbian yidiǎnr, duì duì, hǎo le!
    向 左边 一点儿,对 对,好 了!

Dì-èr bùfen
第二 部分

Yígòng 10 ge tí, měi tí tīng liǎng cì.
一共 10 个 题,每 题 听 两 次。

Lìrú:
例如:

Nǐ xǐhuan shénme yùndòng?
男:你 喜欢 什么 运动?

Wǒ zuì xǐhuan tī zúqiú.
女:我 最 喜欢 踢 足球。

Xiànzài kāishǐ dì 11 dào 15 tí:
现在 开始 第 11 到 15 题:

11.
   Xīnnián nǐ zài jiā ma?
   男:新年 你 在 家 吗?

   Bú zài, wǒ hé bàba māma qù lǚyóu.
   女:不 在,我 和 爸爸 妈妈 去 旅游。

12.
   Qìchē zěnme hái méi dào?
女：汽车 怎么 还 没 到？
   Xià xuě le, qìchē zǒu de màn.
男：下 雪 了，汽车 走 得 慢。

13.
   Qǐngwèn Xiǎotiān de bìng zěnmeyàng le?
女：请问 小天 的 病 怎么样 了？
   Wǒ tīngting, tā yǐjīng hǎo duō le.
男：我 听听，她 已经 好 多 了。

14.
   Gēge, zhè lǐmian shì shénme?
女：哥哥，这 里面 是 什么？
   Xiànzài bú gàosu nǐ, wǎnshang yìqǐ kàn ba.
男：现在 不 告诉 你，晚上 一起 看 吧。

15.
   Zhè ge cí de yìsi nǐ dǒng ma?
男：这 个 词 的 意思 你 懂 吗？
   Zhè kè hái méi xué ne, wǒ yě bù dǒng.
女：这 课 还 没 学 呢，我 也 不 懂。

Xiànzài kāishǐ dì dào tí:
现在 开始 第16 到 20 题：

16.
   Wèi shénme nǐ de shēntǐ zhème hǎo?
女：为 什么 你的 身体 这么 好？
   Wǒ měi tiān dōu zǒu lù shàng bān.
男：我 每 天 都 走 路 上 班。

17.
   Nǐ zěnme bù gāoxìng le?
男：你 怎么 不 高兴 了？

女：Wǒ jiā de xiǎo māo pǎo chuqu sān tiān le.
　　我 家 的 小 猫 跑 出去 三 天 了。

18.
女：Nǐ kànkan diànnǎo liǎng rén fáng yì wǎn duōshao qián?
　　你 看看 电脑 两 人 房 一 晚 多少 钱？
男：Liǎngbǎi kuài.
　　两百 块。

19.
男：Nǐ fàn hòu yào bu yào chī diǎnr shuǐguǒ?
　　你 饭 后 要 不 要 吃 点儿 水果？
女：Bú yào le, wǒ hē diǎnr chá jiù kěyǐ le.
　　不 要 了，我 喝 点儿 茶 就 可以 了。

20.
女：Shū zhēn de tài duō le!
　　书 真 得 太 多 了！
男：Nǐ gěi wǒ ba, wǒ lái bāng nǐ.
　　你 给 我 吧，我 来 帮 你。

Dì-sān bùfen
第三 部分

Yígòng ge tí, měi tí tīng liǎng cì.
一共 10 个题，每 题 听 两 次。

Lìrú：
例如：

男：Xiǎo Wáng, zhèli yǒu jǐ ge bēizi, nǎ ge shì nǐ de?
　　小 王，这里 有 几 个 杯子，哪 个 是 你 的？
女：Zuǒbian nà ge hóngsè de shì wǒ de.
　　左边 那 个 红色 的 是 我 的。
问：Xiǎo Wáng de bēizi shì shénme yánsè de?
　　小 王 的 杯子 是 什么 颜色 的？

Xiànzài kāishǐ dì　　tí：
现在　开始　第 21 题：

21.
　　　　Xièxie nǐ sòng wǒ de bēizi, wǒ hěn xǐhuan.
男：谢谢 你 送 我 的 杯子，我 很 喜欢。
　　　　Nǐ hē shuǐ de shíhòu jiù huì xiǎngdào wǒ.
女：你 喝 水 的 时候 就 会　想到　我。
　　　　Nǚ de sòng nán de shénme le?
问：女 的 送 男 的 什么 了？

22.
　　　　Xiànzài dōu bā diǎn wǔshí le, kuài qǐ chuáng!
女：现在　都 八 点　五十 了，快 起　床！
　　　　Mā, jīntiān xuéxiào bú shàng kè!
男：妈，今天　学校　不　上　课！
　　　　Nán de shì shénme yìsi?
问：男　的 是　什么　意思？

23.
　　　　Nà ge chuān hóng yīfu de shì nǐ jiějie ma?
男：那 个　穿　红　衣服 的 是 你 姐姐 吗？
　　　　Nà ge ma? Bú shì, nà shì wǒ tóngxué.
女：那 个 吗？不 是，那 是 我　同学。
　　　　Nà ge rén shì nǚ de shénme rén?
问：那 个 人 是 女 的　什么　人？

24.
　　　　Wǒ xià bān le, nǐ zǒu bu zǒu?
女：我 下　班 了，你 走 不 走？
　　　　Wǒ zhèli hái yǒu xiē shì, zuòwánle zài huíqu.
男：我 这里 还 有 些 事，做完了　再 回去。
　　　　Nán de wèi shénme bù zǒu?
问：男 的 为　什么 不 走？

— 86 —

25.
男： Nǐ zhè cì shì zěnme lái Běijīng de?
你 这 次 是 怎么 来 北京 的?

女： Zuò huǒchē lái de, tèbié kuài, qī ge xiǎoshí jiù dào le.
坐 火车 来 的，特别 快，七 个 小时 就 到 了。

问： Nǚ de zuòle jǐ ge xiǎoshí de huǒchē?
女 的 坐了 几 个 小时 的 火车?

26.
女： Fúwùyuán, wǒmen de cài zěnme hái méi lái ne?
服务员， 我们 的 菜 怎么 还 没 来 呢?

男： Qǐng nín děng yíxià, wǒ xiànzài jiù qù bāng nín zài wènwen.
请 您 等 一下，我 现在 就 去 帮 您 再 问问。

问： Tāmen xiànzài zài nǎr?
他们 现在 在 哪儿?

27.
男： Wèi, wǒ jīntiān zài lù shang kànjiàn Lǎo Guān le.
喂，我 今天 在 路 上 看见 老 关 了。

女： Nǐ kàncuò le, Lǎo Guān shàng xīngqī jiù chū guó kàn érzi qu le.
你 看错 了，老 关 上 星期 就 出 国 看 儿子 去 了。

问： Nán de kěnéng zěnme le?
男 的 可能 怎么 了?

28.
女： Děngdeng, ràng wǒ zài xiǎngxiang, bié gàosu wǒ!
等等， 让 我 再 想想， 别 告诉 我!

男： Wǒ bù kěnéng gàosu nǐ, yīnwèi wǒ yě bù zhīdào.
我 不 可能 告诉 你，因为 我 也 不 知道。

问： Nán de shì shénme yìsi?
男 的 是 什么 意思?

29.
男： Zěnme zhème lěng? Wàimiàn shì bu shì xià xuě le?
怎么 这么 冷? 外面 是 不 是 下 雪 了?

女： Nǐ chuān de tài shǎo le, wǒ juéde jīntiān hái bǐ zuótiān rè yìdiǎnr ne.
你 穿 得 太 少 了，我 觉得 今天 还 比 昨天 热 一点儿 呢。

　　　　Jīntiān tiānqì zěnmeyàng?
问：今天 天气 怎么样？

30.
　　　　Chēzi méi wèntí ba? Néng kāi ma?
女：车子 没 问题 吧？能 开 吗？
　　　　Yǒudiǎnr xiǎo wèntí, nǐ jīntiān hái shì zuò chē qù gōngsī ba.
男：有点儿 小 问题，你 今天 还是 坐 车 去 公司 吧。
　　　　Nán de ràng nǚ de zuò shénme?
问：男 的 让 女 的 做 什么？

　　　　　　　Dì-sì bùfen
　　　　　　第四 部分

　Yígòng　gè tí, měi tí tīng liǎng cì.
　一共 5 个题，每题 听 两 次。

　　　Lìrú:
　　例如：
　　　　Qǐng zài zhèr xiě nín de míngzi.
女：请 在 这儿 写 您的 名字。
　　　　Shì zhèr ma?
男：是 这儿 吗？
　　　　Bú shì, shì zhèr.
女：不 是，是 这儿。
　　　　Hǎo, xièxie.
男：好，谢谢。
　　　　Nán de yào xiě shénme?
问：男 的 要 写 什么？

Xiànzài kāishǐ dì　　tí:
　现在 开始 第 31 题：

31.
　　　　Huānyíng huānyíng, kuài qǐngjìn!
女：欢迎 欢迎，快 请进！
　　　　Xièxie nín. Zhè shì sòng nín de chá, tīng Xiǎomíng shuō nín xǐhuan hē chá.
男：谢谢 您。这 是 送 您 的 茶，听 小明 说 您 喜欢 喝 茶。

女：你太客气了！坐吧，我去做饭了。
男：我来帮您吧，我在家也帮妈妈洗菜的。
问：男的想帮女的做什么？

32.
男：这个房子不太贵怎么样？
女：离你们公司太远了！
男：但是离你们学校很近。我可以坐车去上班。
女：我不希望你太累，我们还是去看看别的吧！
问：这个房子怎么样？

33.
女：这个小猫你喜欢不喜欢？
男：我很喜欢！眼睛大大的，真漂亮。
女：那我生日的时候你买了送给我吧。
男：你家的小狗可能不喜欢它，我还是送你小鱼吧。
问：男的想送女的什么？

34.
男：你家儿子星期几上唱歌课？
女：星期三，那天两点就下课了。
男：星期三我家儿子有游泳课。唱歌课的老师怎么样？

女：Duì xuésheng fēicháng hǎo, wǒ érzi hěn xǐhuan tā.
　　对　学生　　非常　　好，我 儿子 很 喜欢 她。

问：Nǚ de érzi zài xué shénme?
　　女 的 儿子 在 学　什么？

35.
女：Zhè jiàn shì bu shì tài cháng le?
　　这 件 是 不 是 太　长　了？

男：Zhè jiàn yánsè zuì hǎo, hóngsè ràng rén juéde hěn kuàilè.
　　这 件 颜色 最 好，红色　让　人 觉得 很　快乐。

女：Wǒ hái shì juéde nà jiàn báisè de zuì piàoliang.
　　我 还 是 觉得 那 件 白色 的 最　漂亮。

男：Nà nǐ kuài diǎnr, bié ràng nàme duō rén děng wǒmen.
　　那 你 快 点儿，别　让 那么 多 人　等　我们。

问：Nán de zuì xǐhuan nǎ ge yánsè?
　　男 的 最 喜欢 哪 个 颜色？

Tīnglì kǎoshì xiànzài jiéshù.
听力 考试 现在 结束。

HSK（二级）全真模拟试题（第1套）答案

一、听　力

第一部分

1. ×	2. ×	3. √	4. ×	5. √
6. ×	7. ×	8. √	9. √	10. √

第二部分

11. B	12. C	13. F	14. E	15. A
16. D	17. B	18. C	19. E	20. A

第三部分

21. A	22. B	23. C	24. C	25. B
26. C	27. A	28. B	29. A	30. A

第四部分

31. B	32. B	33. A	34. C	35. A

二、阅　读

第一部分

36. B	37. E	38. A	39. C	40. F

第二部分

41. C	42. F	43. D	44. B	45. A

第三部分

46. √	47. ×	48. √	49. √	50. ×

第四部分

51. C	52. F	53. A	54. B	55. D
56. D	57. E	58. B	59. A	60. C

HSK（二级）全真模拟试题（第2套）答案

一、听　力

第一部分

1. ✗   2. ✓   3. ✓   4. ✗   5. ✓
6. ✓   7. ✗   8. ✓   9. ✓   10. ✗

第二部分

11. E   12. F   13. C   14. A   15. B
16. C   17. D   18. B   19. A   20. E

第三部分

21. A   22. C   23. A   24. A   25. B
26. C   27. A   28. B   29. C   30. C

第四部分

31. C   32. A   33. B   34. C   35. B

二、阅　读

第一部分

36. B   37. F   38. C   39. A   40. E

第二部分

41. A   42. F   43. D   44. B   45. C

第三部分

46. ✓   47. ✗   48. ✗   49. ✓   50. ✓

第四部分

51. C   52. B   53. F   54. A   55. D
56. B   57. C   58. E   59. D   60. A

HSK（二级）全真模拟试题（第3套）答案

一、听　力

第一部分

1. ×　　　2. √　　　3. ×　　　4. √　　　5. ×
6. ×　　　7. ×　　　8. √　　　9. ×　　　10. √

第二部分

11. E　　　12. C　　　13. A　　　14. F　　　15. B
16. E　　　17. D　　　18. A　　　19. C　　　20. B

第三部分

21. A　　　22. B　　　23. A　　　24. C　　　25. C
26. A　　　27. C　　　28. B　　　29. B　　　30. A

第四部分

31. B　　　32. A　　　33. A　　　34. C　　　35. B

二、阅　读

第一部分

36. F　　　37. E　　　38. C　　　39. B　　　40. A

第二部分

41. A　　　42. C　　　43. D　　　44. F　　　45. B

第三部分

46. √　　　47. ×　　　48. √　　　49. ×　　　50. ×

第四部分

51. A　　　52. D　　　53. B　　　54. C　　　55. F
56. E　　　57. A　　　58. C　　　59. B　　　60. D

HSK（二级）全真模拟试题（第4套）答案

一、听 力

第一部分

1. ✓	2. ✓	3. ✗	4. ✓	5. ✗
6. ✓	7. ✓	8. ✗	9. ✓	10. ✓

第二部分

11. E	12. F	13. C	14. B	15. A
16. E	17. C	18. B	19. D	20. A

第三部分

21. A	22. B	23. A	24. C	25. B
26. C	27. B	28. A	29. C	30. A

第四部分

31. B	32. B	33. C	34. A	35. C

二、阅 读

第一部分

36. F	37. C	38. E	39. A	40. B

第二部分

41. A	42. C	43. D	44. F	45. B

第三部分

46. ✗	47. ✓	48. ✗	49. ✗	50. ✓

第四部分

51. D	52. C	53. A	54. F	55. B
56. E	57. B	58. D	59. A	60. C

HSK（二级）全真模拟试题（第5套）答案

一、听　力

第一部分

1. ✓	2. ✗	3. ✓	4. ✗	5. ✗
6. ✓	7. ✓	8. ✗	9. ✓	10. ✗

第二部分

11. E	12. C	13. A	14. F	15. B
16. A	17. D	18. E	19. B	20. C

第三部分

21. A	22. C	23. B	24. C	25. A
26. B	27. A	28. C	29. A	30. B

第四部分

31. A	32. B	33. A	34. C	35. B

二、阅　读

第一部分

36. E	37. A	38. F	39. B	40. C

第二部分

41. F	42. A	43. C	44. B	45. D

第三部分

45. ✗	47. ✓	48. ✓	49. ✗	50. ✗

第四部分

51. C	52. A	53. D	54. F	55. B
56. D	57. E	58. A	59. B	60. C

HSK（二级）全真模拟试题（第6套）答案

一、听 力

第一部分

1. √	2. ×	3. √	4. ×	5. ×
6. √	7. √	8. √	9. √	10. ×

第二部分

11. A	12. B	13. F	14. C	15. E
16. C	17. A	18. D	19. B	20. E

第三部分

21. C	22. B	23. A	24. B	25. A
26. C	27. A	28. C	29. B	30. B

第四部分

31. C	32. A	33. A	34. A	35. B

二、阅 读

第一部分

36. A	37. E	38. F	39. B	40. C

第二部分

41. D	42. F	43. B	44. C	45. A

第三部分

46. ×	47. √	48. ×	49. ×	50. √

第四部分

51. C	52. F	53. A	54. D	55. B
56. D	57. C	58. A	59. E	60. B

HSK（二级）全真模拟试题（第7套）答案

一、听 力

第一部分

1. √	2. ×	3. √	4. ×	5. √
6. √	7. √	8. ×	9. √	10. ×

第二部分

11. C	12. F	13. A	14. E	15. B
16. B	17. C	18. A	19. D	20. E

第三部分

21. B	22. C	23. A	24. B	25. C
26. A	27. C	28. B	29. A	30. C

第四部分

31. A	32. C	33. B	34. A	35. C

二、阅 读

第一部分

36. A	37. C	38. F	39. B	40. E

第二部分

41. C	42. D	43. F	44. B	45. A

第三部分

46. ×	47. √	48. √	49. √	50. ×

第四部分

51. A	52. F	53. C	54. D	55. B
56. B	57. D	58. C	59. A	60. E

HSK（二级）全真模拟试题（第8套）答案

一、听 力

第一部分

1. × 2. √ 3. √ 4. × 5. ×
6. √ 7. √ 8. √ 9. √ 10. √

第二部分

11. C 12. F 13. B 14. A 15. D
16. D 17. C 18. B 19. E 20. A

第三部分

21. A 22. B 23. C 24. C 25. B
26. A 27. B 28. A 29. B 30. C

第四部分

31. B 32. A 33. C 34. B 35. C

二、阅 读

第一部分

36. F 37. C 38. E 39. B 40. A

第二部分

41. F 42. A 43. C 44. D 45. B

第三部分

46. × 47. × 48. √ 49. √ 50. ×

第四部分

51. D 52. F 53. A 54. C 55. B
56. C 57. D 58. A 59. E 60. B

HSK（二级）全真模拟试题（第9套）答案

一、听　力

第一部分

1. √ 2. ✕ 3. √ 4. √ 5. ✕
6. √ 7. ✕ 8. √ 9. ✕ 10. √

第二部分

11. C 12. B 13. F 14. A 15. E
16. D 17. E 18. B 19. A 20. C

第三部分

21. A 22. A 23. A 24. B 25. C
26. B 27. C 28. B 29. A 30. B

第四部分

31. A 32. B 33. C 34. B 35. A

二、阅　读

第一部分

36. C 37. B 38. F 39. A 40. E

第二部分

41. F 42. A 43. B 44. C 45. D

第三部分

46. ✕ 47. ✕ 48. ✕ 49. √ 50. √

第四部分

51. C 52. D 53. A 54. B 55. F
56. C 57. A 58. E 59. D 60. B

HSK（二级）全真模拟题试（第 10 套）答案

一、听　力

第一部分

1. ✓ 　2. ✓ 　3. ✓ 　4. ✗ 　5. ✗
6. ✓ 　7. ✓ 　8. ✗ 　9. ✓ 　10. ✓

第二部分

11. B 　12. E 　13. F 　14. A 　15. C
16. D 　17. C 　18. A 　19. E 　20. B

第三部分

21. C 　22. B 　23. C 　24. A 　25. B
26. A 　27. A 　28. C 　29. C 　30. B

第四部分

31. B 　32. A 　33. B 　34. A 　35. A

二、阅　读

第一部分

36. E 　37. B 　38. A 　39. C 　40. F

第二部分

41. A 　42. D 　43. F 　44. C 　45. B

第三部分

46. ✓ 　47. ✗ 　48. ✓ 　49. ✓ 　50. ✗

第四部分

51. C 　52. A 　53. D 　54. B 　55. F
56. C 　57. B 　58. E 　59. D 　60. A

HSK（二级）全真模拟试题（第1套）题解

一、听 力

第一部分

1. 听力文本是："每天吃水果对身体好。""水果"是 fruit，但是图片上是鸡肉。正确答案是"×"。

2. 听力文本是："看！孩子们跑得真快啊！""跑"是 run，但是图片上孩子们在游泳。正确答案是"×"。

3. 听力文本是："我最喜欢打篮球。""打篮球"是 play basketball，图片上有一个女孩儿在打篮球。正确答案是"√"。

4. 听力文本是："今天天气很好，是个晴天。""晴天"是 sunshine，但是图片上在下雨，不是晴天。正确答案是"×"。

5. 听力文本是："弟弟唱得真好听。""弟弟"是 younger brother，是男孩子，"唱"是 sing，图片上有一个男孩儿在唱歌。正确答案是"√"。

6. 听力文本是："太累了，休息一下吧。""休息"是 rest，但是图片上的人在踢足球，不是在休息。正确答案是"×"。

7. 听力文本是："哥哥和弟弟一起喝牛奶。""哥哥和弟弟"是两个男孩子，但是图片上只有一个男孩子在喝牛奶，不是两个。正确答案是"×"。

8. 听力文本是："鱼在水里慢慢地游。""鱼"是 fish，图片上是鱼在水里游。正确答案是"√"。

9. 听力文本是："小李坐公共汽车去上班。""公共汽车"是 bus，图片上有一个女人在上公共汽车。正确答案是"√"。

10. 听力文本是："我现在就给她打电话。""打电话"是 give sb. a call，图片上有一个女人在打电话。正确答案是"√"。

第二部分

11. 对话中男的问女的做什么工作，女的说她是医生。"医生"是 doctor，图片 B 上有一个女医生。正确答案是 B。

12. 男的打电话找小王，女的说她在工作。"工作"是 work，图片 C 上有一个女人在工作，接电话。正确答案是 C。

13. 女的做好了饭菜让男的赶快吃。菜是 dish，图片 F 上有很多菜。正确答案是 F。

14. 男的到女的家做客。"家"是 house，图片 E 是一张家里房间的照片。正确答案是 E。

15. 女的想喝杯水。"一杯水"是 a glass of water，图片 A 中有一杯水。正确答案是 A。

16. 女的说她每天中午十二点左右吃饭。"吃午饭"是 have lunch，图片 D 中有一个女人在吃饭。正确答案是 D。

17. 男的认为他妹妹跳舞跳得最好。"跳舞"是 dance，图片 B 中有一个女孩儿在跳舞。正确答案是 B。

18. 对话中男的问女的下课了去哪里。"下课了"是："Class is over."所以说话的应该是学生。图片 C 上两个女生和一个男生下课后在说话。正确答案是 C。

19. 通过对话可知，女的去机场是因为她的好朋友来了。"机场"是 airport，图片 E 是机场的照片。正确答案是 E。

20. 通过对话可知，男的喜欢慢跑这项运动。"慢跑"是 jog，图片 A 上有一个男人在慢跑。正确答案是 A。

第三部分

21. 男的问女的，报纸上哪个人是她的弟弟，女的回答是左边的。正确答案是 A。

22. 男的问女的昨天下午做什么，女的回答是吃饭和游泳。正确答案是 B。

23. 这段话问女的觉得这件衣服怎么样。女的说觉得这件衣服不错，但是太贵了。正确答案是 C。

24. 这段话问的是时间。男的问女的不工作的时候喜欢做什么，女的回答喜欢早上去学校跑步。正确答案是 C。

25. 女的说看见小李和一个女孩子看电影去了，男的说那是他的妹妹。也就是说，那个女孩子是小李的妹妹。正确答案是 B。

26. 男的问女的要喝什么，女的回答喝一杯牛奶。正确答案是 C。

27. 这段话问的是时间。女的说已经两点了，也就是说，现在两点。正确答案是 A。

28. 这段话问的是小李的爸爸怎么了。女的问为什么小李今天不太高兴，男的回答因为小李的爸爸生病了。正确答案是 B。

29. 女的叫男的"老师"，并且问男的问题。由此可知，他们最有可能是师生关系，在教室里。正确答案是 A。

30. 这段话问的是妈妈的生日是哪天。男的问："妈妈的生日是明天吗？"女的回答："不是，是星期五，八月十三号。"也就是说，妈妈的生日是八月十三号。正确答案是 A。

第四部分

31. 星期六女的哥哥要来他们家吃饭。女的问男的做什么菜。男的说，哥哥爱吃羊肉，买几斤羊肉吧。由此可知，他们要买羊肉。正确答案是 B。

32. 因为坐公共汽车去学校要一个小时，所以女的建议坐出租车。正确答案是 B。

33. 男的说，黑的和白的他都不喜欢，红的可以。由此可知，男的可能喜欢红色的手机。正确答案是 A。

34. 对话中，女的说手表不是买的，是别人送的，但不是丈夫送的，而是女儿送的。正确答案是 C。

35. 通过对话可知，女的认为工作是一件快乐的事情，但是她的男朋友不希望她去工作。正确答案是 A。

二、阅 读

第一部分

36. 文本是："妈妈说，多吃水果对身体好。""水果"是 fruit，图片 B 上有很多水果。正确答案是 B。

37. 文本是："我的电脑有问题，可以看一下你的吗？""电脑"是 computer，图片 E 上是一个男人和一个女人在看电脑。正确答案是 E。

38. 文本是："请等一下，我一个小时后就到。""等"是 wait，这句话很有可能是打电话时说的。图片 A 是一个男人一边打电话，一边看手表。正确答案是 A。

39. 文本是："听，那个女孩子在唱歌呢！""唱歌"是 sing，图片 C 上是一个女孩儿在唱歌。正确答案是 C。

40. 文本是："我觉得你穿这件红色的衣服会很好看。""衣服"是 clothes，图片 F 上一个女人在试穿衣服。正确答案是 F。

第二部分

41. "他觉得今天（　　）昨天冷很多。""今天"和"昨天"中间需要一个介词表示比较（compare），"比"可以放在这里，组成一个比较句。正确答案是 C。

42. "我来介绍一下，这是我的（　　）张明。"因为是介绍别人，所以"我的"后面需要一个称谓名词。"同学"可以放在这里，表示关系（relationship）。正确答案是 F。

43. "这本书很便宜，就卖十（　　）钱。"因为前面说这本书很便宜，所以数字"十"后面需要一个和钱有关的量词，比如"块"。正确答案是 D。

44. "我（　　）他，他是李老师的儿子。"主语"我"和宾语"他"中间需要一个动词做谓语。因为"我"知道"他是李老师的儿子"，所以"我"后面的动词应该和"知道"的意思差不多，也就是"认识"。正确答案是 B。

45. "你今天身体不太好，快去（　　）看看吧。"动词"去"后面需要加一个处所名词，因为前面说"你今天身体不太好"，所以去的地方应该是医院。正确答案是 A。

第三部分

46. 文本是:"哥哥二十五岁,弟弟二十岁。"也就是说,哥哥比弟弟大五岁。正确答案是"√"。

47. 文本是:"几天没运动了,我下午想去踢足球。"也就是说,我想去踢足球,但现在还没有去踢。正确答案是"×"。

48. 文本是:"已经十一点了,小李还没有起床呢。"副词"还"说明说话人觉得事情做得很晚。也就是说,说话人觉得小李起得很晚。正确答案是"√"。

49. 文本是:"李明对每个人都很好,所以没有人不喜欢他。""没有……不……"是双重否定式,表示肯定。也就是说,大家都喜欢李明。正确答案是"√"。

50. 文本是:"昨天我没有学习,但是今天我学了三个小时。""但是"表示转折,也就是说,我今天学习了。正确答案是"×"。

第四部分

51. 文本是:"小李已经一个月没回家了。"和这句话相对应的应该是别人对小李一个月没回家的反应,或者这件事发生后的结果。"妈妈希望他星期天回去看看"就是这样的反应和结果。正确答案是C。

52. 文本是:"她在给朋友打电话。"和这句话相对应的句子应该和打电话有关。"我到饭馆儿了,你快点儿来吧"说明对方没在饭馆儿,"我"可能是通过打电话的方式跟对方说话。"喂"是打电话时的常用语。正确答案是F。

53. 文本是:"今天是他女朋友的生日。"和这句话相对应的应该和"女朋友"有关,很有可能是他为女朋友做了什么。"今天晚上他请女朋友吃饭"是他为女朋友做的事情。正确答案是A。

54. 文本是:"没关系,我们现在走吧。"由此可知,应该先有人道歉,说"对不起"。"对不起,我来晚了"是对别人道歉。正确答案是B。

55. 文本是:"学生们问了老师很多问题。"由此可知,老师和学生可能在上课。

正确答案是 D。

56. 文本是:"她工作很忙,家里的事情也很多。"和这句话相对应的句子可以是别人对这件事情的看法。"妹妹这几个月太累了"就是这样一种看法。正确答案是 D。

57. 文本是:"天阴了,要下雨了。我们回家吧。"这句话在说天气不好,和另外一个人商量是不是回家。由此可知,相对应的应该是另一个人对"回家"这件事的看法。"那好,我们现在就回去吧"就是另一个人的看法。正确答案是 E。

58. 文本是:"真是太谢谢你了!"相对应的句子应该是有一个人帮了说话人的忙,选项中表示帮忙的句子是:"你的机票已经买好了,给你。"正确答案是 B。

59. 文本是:"她汉语说得真好!"相对应的句子应该和她汉语说得好有关,说明原因或者结果。"这个女孩儿在中国住了六年"说明了她汉语说得好的原因。正确答案是 A。

60. 文本是:"你怎么认识小张的?"问的是另一个人认识小张的原因,相对应的句子应该和认识的原因有关。"我们在一个公司工作过"就说明了这个原因。正确答案是 C。

HSK（二级）全真模拟试题（第2套）题解

一、听　力

第一部分

1. 听力文本是："今天是七号。""七"是 seven，但是图片上是一号。正确答案是"×"。

2. 听力文本是："我们坐船去吧。""船"是 ship，图片上有一艘船。正确答案是"√"。

3. 听力文本是："爸爸在看报纸。""看报纸"是 read newspaper，图片上是一个男人在看报纸。正确答案是"√"。

4. 听力文本是："大家现在在休息。""休息"是 rest，但是图片上大家在学习。正确答案是"×"。

5. 听力文本是："这个孩子很快乐。""快乐"是 happy，图片上有一个孩子在笑。正确答案是"√"。

6. 听力文本是："她买了很多东西。""买东西"是 shopping，图片上有一个女人买了很多东西。正确答案是"√"。

7. 听力文本是："我累了，我休息一下。""休息"是 rest，但是图片上有很多人在踢足球。正确答案是"×"。

8. 听力文本是："她给我们唱了一个歌。""唱歌"是 sing，图片上有一个女孩儿在唱歌。正确答案是"√"。

9. 听力文本是："我买了一个西瓜回来。""西瓜"是 watermelon，图片上有一个西瓜。正确答案是"√"。

10. 听力文本是:"快看啊,外面开始下雨了。""下雨"是 rain,但是图片上是在下雪。正确答案是"×"。

第二部分

11. 通过对话可知,男的在教室里学习。"教室"的是 classroom,"学习"是 learn,study。图片 E 上是一个男孩儿在学习。正确答案是 E。

12. 通过对话可知,有一个人因为身体不好没来。"身体不好"是 feel bad,图片上 F 上有一个女人好像身体不舒服的样子。正确答案是 F。

13. 通过对话可知男的和女的第一次见面,女的说:"很高兴认识你。""很高兴认识你"的英语是:"Nice to meet you."图片 C 上有一个男人和一个女人在握手。正确答案是 C。

14. 男的告诉女的那个人是服务员。"服务员"是 waiter,图片 A 上有一个男服务员。正确答案是 A。

15. 这段对话谈论的是时间,女的说晚上去。"晚上"是 evening,图片 B 是晚上。正确答案是 B。

16. 男的问女的体重。"公斤"是 kilogram,图片 C 上有一个人在称体重。正确答案是 C。

17. 女的在问路,男的回答:"请走前面那个门。""门"是 door,图片 D 上有人在开门。正确答案是 D。

18. 这段对话谈论的是计划,男的说下午想去游泳。"游泳"是 swim,图片 B 上有一个男人在游泳。正确答案是 B。

19. 通过对话可知,因为女的妈妈喜欢做鱼,所以她家常吃鱼。"鱼"是 fish,图片 A 上有很多鱼。正确答案是 A。

20. 男的问女的小狗在哪里。"狗"是 dog，图片 E 上有一个女人和一只狗。正确答案是 E。

第三部分

21. 男的问女的休息的时候喜欢做什么，女的回答喜欢在家里看电视。由此可知，女的休息的时候喜欢看电视。正确答案是 A。

22. 男的告诉女的家里来人了。女的说"是姐姐啊，快请进"。由此可知，姐姐来了。正确答案是 C。

23. 女的问男的，是不是坐公共汽车去。男的回答，没时间了，坐出租车去。由此可知，他们坐出租车是觉得出租车比较快。正确答案是 A。

24. 男的觉得这个商店的东西很好，也很便宜。女的说"进去看看吧"。由此可知，他们想去商店。正确答案是 A。

25. 男的是医生，他告诉女的，她的身体没有大问题，只是需要休息。正确答案是 B。

26. 女的问男的，明天天气怎么样。男的看天气预报知道明天会下雨。正确答案是 C。

27. 男的对女的说，他很忙，这个月可能没有时间去旅游了。女的回答说，他们可以下个月再去。由此可见，他们可能下个月去旅游。正确答案是 A。

28. 男的问女的想买什么。女的回答，她想买两个西瓜。正确答案是 B。

29. 对话中提到了"服务员"和"米饭"。由此可见，他们很有可能在饭馆儿吃饭。正确答案是 C。

30. 女的希望男的可以一个月做完这个工作。男的说，他们已经准备了三个月。正确答案是 C。

第四部分

31. 男的对女的说，今天女儿回来，他们给女儿做点儿好吃的。由此可知，男的和女的是夫妻关系。男的又说，今天他来做饭，让女的休息一下。但是女的说她不累，他们可以一起做。由此可知，今天男的和女的一起做饭。正确答案是 C。

32. 对话中女的建议男的出去玩儿，男的说多休息休息对眼睛好。由此可知，他们想出去玩儿是因为在室外活动对眼睛好。正确答案是 A。

33. 男的和女的商量后决定买衣服作为生日礼物送给妈妈，并且打算"明天晚上去商店"买。正确答案是 B。

34. 女的问男的是不是坐汽车去北京，男的说"对"，表示肯定。由此可知，男的想坐汽车去北京。正确答案是 C。

35. 男的问女的现在怎么样。女的回答，她很好，现在是大学里的一个老师。由此可知，女的是老师。正确答案是 B。

二、阅 读

第一部分

36. 文本是:"商店里有很多好吃的水果。""水果"是 fruit,图片 B 是商店里有很多水果。正确答案是 B。

37. 文本是:"这是我送给你的,希望你喜欢。""送"是 give,图片 F 上一个女人送给别人一个礼物。正确答案是 F。

38. 文本是:"我们学校八点上班,我现在要走了。""八点"是 eight o'clock,图片 C 上时间在七点二十分左右。正确答案是 C。

39. 文本是:"别说话,那个孩子正在睡觉呢。""睡觉"是 sleep,图片 A 上一个孩子在睡觉。正确答案是 A。

40. 文本是:"我不懂的时候,小王常常帮助我。""帮助"是 help,图片 E 上两个人在看电脑,好像是一个人在帮另一个人的忙。正确答案是 E。

第二部分

41. "门(　　)站着一个人,你认识他吗?"名词"门"后面需要一个表示方位的名词,组成主语。"外"是表示方位的名词,可以放在这里,组成"门外"。正确答案是 A。

42. "很小的(　　),她和爸爸妈妈去过一次北京。"形容词短语"很小的"后面需要一个名词,"时候"是时间名词,可以放在这里,组成状语"很小的时候"。正确答案是 F。

43. "洗完衣服后,妈妈就(　　)做饭了。"副词"就"和动词短语"做饭"中间需要一个动词,组成谓语。"开始"是动词,可以放在这里。正确答案是 D。

44. "你有什么事情，快说（　　）！我在听呢。""快说"后面需要一个语气助词，"吧"是语气助词，可以放在这里。正确答案是 B。

45. "（　　）这里到公司，走路要 30 分钟。"代词"这里"前面需要一个介词，组成介词短语。"从"可以放在这里，组成"从……到……"。正确答案是 C。

第三部分

46. 文本是："每次看见小张，她都很高兴，请我吃饭。她还常常帮助我。"小张请我吃饭，还常常帮助我，也就是说，小张对我很好。正确答案是"√"。

47. 文本是："小李，明天下午三点考试。"说话人很有可能在打电话告诉别人考试这件事。也就是说，"我"知道明天下午考试。正确答案是"×"。

48. 文本是："我这个手机好看吧？是上个星期姐姐送给我的。"由此可知，这个手机是姐姐送给我的。也就是说，手机不是我买的。正确答案是"×"。

49. 文本是："那个大学很大，也很漂亮。妹妹说很想去那儿学习。"那儿指代的就是"那个大学"，也就是说，妹妹希望去那个大学学习。正确答案是"√"。

50. 文本是："去机场，坐出租车也要两个多小时。"坐出租车一般是比较快的方式，但也要两个小时，说明这儿离机场很远。正确答案是"√"。

第四部分

51. 文本是："他是个爱运动的人。"相对应的句子应该和运动有关。"王朋每天早上跑步，还常常去游泳。"也就是说王朋常常运动。正确答案是 C。

52. 文本是："爸爸什么时候回家？他说了吗？"相对应的句子应该和回家时间有关。"他告诉我，一个小时后到家"说明了回家的时间。正确答案是 B。

53. 文本是:"妹妹忙着工作,一晚上没睡觉。"相对应的句子应该和她一晚上没睡觉有关。"她今天很累"就是一晚上没睡觉的结果。正确答案是F。

54. 文本是:"苹果便宜卖了!两块钱一斤!"这是在卖苹果,相对应的句子应该和卖东西有关。由此可见,"他在卖东西"是正确答案。正确答案是A。

55. 文本是:"我真想去跳舞。"这句话是说话人表达非常想跳舞的愿望,相对应的句子应该和对这一愿望的态度有关。"那还等什么?现在就去吧!"意思是不要等了,现在就去跳舞吧。也就是说,这句话表达了说话人的态度。正确答案是D。

56. 文本是:"他的家离公司很远。"相对应的句子应该和离公司远有关。"他每天上班要开一个小时车"是说他每天要花很长时间在路上,这是他家离公司远的结果。正确答案是B。

57. 文本是:"姐姐不喜欢喝牛奶。"相对应的句子应该和喝什么东西有关。"你不喝牛奶,那要不要喝咖啡?我觉得这个咖啡很好喝"是说不喝牛奶,可以喝这个咖啡。正确答案是C。

58. 文本是:"您做的菜太好吃了!我可以再吃一点儿吗?"说话人在吃饭,觉得菜很好吃,相对应的句子可能和做饭有关。"弟弟的朋友来了,我想做几个菜给他们吃"说明了做饭的原因。正确答案是E。

59. 文本是:"太好了!你要回国了?到我家来玩儿吧!"是说有关回国的事情,相对应的句子应该和回国有关。"小李两个月后回中国"是说回国的时间。由此可见,正确答案是D。

60. 文本是:"张丽在哪儿?怎么还没有来?"这是在问张丽没来的原因。"早上她给我打电话,说她的车不能开了"是说因为她车的问题,所以现在还没来,也就是说明了还没有来的原因。正确答案是A。

HSK（二级）全真模拟试题（第3套）题解

一、听　力

第一部分

1. 听力文本是："妈妈做了羊肉。""羊肉"是 mutton，但是图片上是一盘鸡肉。正确答案是"×"。

2. 听力文本是："他们开始跑了。""跑"是 run，图片上有一个男人和一个女人在跑步。正确答案是"√"。

3. 听力文本是："不要在床上看书。""在床上"是 abed，但是图片上是一个女孩儿站着看书。正确答案是"×"。

4. 听力文本是："欢迎您来我们饭馆儿。""欢迎"是 welcome，"饭馆儿"是 restaurant，所以应该是服务员说的话。图片上是一个饭馆儿的服务员。正确答案是"√"。

5. 听力文本是："这个杯子是黑颜色的。""黑"是 black，但是图片上的杯子是白颜色的。正确答案是"×"。

6. 听力文本是："她正在教室上课呢。""上课"是 attend class，但是图片上是一个女人在商店买东西。正确答案是"×"。

7. 听力文本是："星期天一起去踢足球吧。""踢足球"是 play soccer，但是图片上是一个男人在打羽毛球。正确答案是"×"。

8. 听力文本是："三个人都笑了。""笑"是 laugh，图片上三个女孩儿都在笑。正确答案是"√"。

9. 听力文本是："天晴了，出去玩儿吧。""晴"是 sunshine，但是图片上在下雨。正确答案是"×"。

10. 听力文本是:"老师,我想回答这个问题。""老师"是 teacher,"回答"是 answer,所以应该是学生回答老师的问题。图片上有一个学生举手想要回答问题。正确答案是"√"。

第二部分

11. 女的在问男的票是不是他的。"票"是 ticket,图片 E 上是一张票。正确答案是 E。

12. 男的问她在做什么,女的说她正在做题。"做题"是 do exercise,图片 C 上是一个人在黑板上做题。正确答案是 C。

13. 女的问男的时间,男的说他看一下手表。"手表"是 watch,图片 A 上一个男人在看手表。正确答案是 A。

14. 女的问男的衣服好不好看,男的让她穿上看看。"衣服"是 clothes,"穿"是 put on,图片 F 上一个女人在选衣服。正确答案是 F。

15. 男的问那个男人是谁,女的说是她们的老师。"男"是 male,"老师"是 teacher。图片 B 上是一位男老师。正确答案是 B。

16. 对话中提到了"学校"和"上学","学校"是 school,"上学"go to school,所以说话人很可能是学生。图片 E 上有一个男生和两个女生在说话。正确答案是 E。

17. 女的问:"你觉得热吗?"男的表示同意。"热"是 hot,图片 D 上一个男人在擦汗,看起来很热。正确答案是 D。

18. 女的想洗衣服,男的说他已经洗好了。"我已经都洗好了"的英语是:"I've already done with the laundry."图片 A 上是一件晾着的衣服。正确答案是 A。

19. 通过对话可知，朋友们送给女的一台新电脑。"电脑"是 computer，图片 C 上有一个女人在用电脑。正确答案是 C。

20. 女的用"喂"开始下面的对话，"喂"相当于 hello，是打电话时常说的话，所以女的很有可能在打电话。图片 B 上有一个女人在打电话。正确答案是 B。

第三部分

21. 女的问男的忙不忙，男的回答，他有事，要去朋友家。正确答案是 A。

22. 通过对话可知，女的认为花五千块钱买一个手机太贵了。正确答案是 B。

23. 女的问男的，唱歌、游泳和跳舞，他最喜欢做什么。男的回答，他最喜欢唱歌。正确答案是 A。

24. 男的问女的，明天不上班，她想做什么。女的回答，她就想多睡会儿，晚点儿起床。也就是说，女的明天想睡觉。正确答案是 C。

25. 女的问男的，为什么喜欢去那个饭馆儿吃饭。男的回答，因为那里的菜做得很好吃。也就是说，男的去那个饭馆儿吃饭是因为菜好吃。正确答案是 C。

26. 男的问女的，每天怎么去公司。女的回答她坐公共汽车去。正确答案是 A。

27. 对话中提到了三个时间，"明天七点"是男的起床的时间，"明天八点"是男的吃早饭的时间，"明天九点"是女的去找男的的时间。正确答案是 C。

28. 通过对话可知，大杯子 15 元，小杯子 8 元。正确答案是 B。

29. 男的对女的说："小姐，我的咖啡好了吗？"女的说请等一下，咖啡很快就来了。这种对话最有可能发生在饭馆或咖啡店，所以女的最可能是服务员。正确答案是 B。

30. 通过女的回答可知，考试不是下星期一，而是下星期四。正确答案是 A。

第四部分

31. 通过对话可知，男的正在从女的那儿买汽车票，女的给了男的票，并且给男的找钱。说明女的是卖汽车票的。正确答案是 B。

32. 男的问女的明天有没有时间，一起去跳舞。女的问男的几点。男的说，明天下午两点，在女的学校前面见。正确答案是 A。

33. 对话中男的和女的在谈论运动，女的说她每天早上慢跑四十分钟。正确答案是 A。

34. 男的问女的，新同学长什么样。女的回答说，她不高，眼睛很大，也很漂亮。由此可知，新同学很漂亮。正确答案是 C。

35. 男的向女的问路，问在哪儿坐公共汽车。女的问男的有没有看到那个商店，并且告诉他就在那儿坐车。正确答案是 B。

二、阅 读

第一部分

36. 文本是："你看，他很想吃那个。""吃"是 eat，图片 F 是男孩儿想吃西瓜。正确答案是 F。

37. 文本是："这个先生可能找不到路了。""找不到路"是 get lost，图片 E 上一个男人迷路了。正确答案是 E。

38. 文本是："早上起床后吃两个鸡蛋吧。""鸡蛋"是 egg，图片 C 上有两个鸡蛋。正确答案是 C。

39. 文本是："咖啡喝完了？请再喝一杯吧。""咖啡"是 coffee，图片 B 上是一杯咖啡。正确答案是 B。

40. 文本是："我们觉得慢跑是很好的运动。""慢跑"是 jog，图片 A 上是一个男人和一个女人在跑步。正确答案是 A。

第二部分

41. "昨天考试的第一（　　），我不会做。"序数词"第一"后面需要一个名词。因为和"考试"有关，所以名词"题"可以放在这里，组成名词短语"第一题"。正确答案是 A。

42. "他说了很长时间，但是我还是不（　　）他的意思。"否定副词"不"和名词短语"他的意思"中间需要一个动词。"懂"可以放在这里，组成谓语"我还是不懂他的意思"。正确答案是 C。

43. "你穿这（　　）衣服真好看。"代词"这"和名词"衣服"中间需要一个量词。"件"可以放在这里，组成名词短语"这件衣服"。正确答案是 D。

44. "他生病了，要吃点儿（　　）。"动词"吃"后面需要一个名词。因为"他生病了"，所以吃的应该是"药"。正确答案是 F。

45. "小张每天运动，（　　）身体很好。""小张每天运动"和"身体很好"中间需要一个连词，"所以"可以放在这里，表示因果关系。正确答案是B。

第三部分

46. 文本是："姐姐喜欢旅游，弟弟也喜欢旅游。"也就是说，姐姐和弟弟都喜欢旅游。正确答案是"√"。

47. 文本是："她会说汉语，但是常常说错。"也就是说，她汉语说得不好。"很不错"意思是"很好"。正确答案是"×"。

48. 文本是："小王，帮我买一杯咖啡，可以吗？谢谢！"也就是说，我让小王帮我买咖啡。正确答案是"√"。

49. 文本是："我去过北京两次，很喜欢那里。"意思是说，我以前去过北京，但是现在不住在北京。正确答案是"×"。

50. 文本是："我的房间小，妹妹的房间大。"也就是说，妹妹的房间比我的房间大。正确答案是"×"。

第四部分

51. 文本是："他今年五十二岁。"相对应的句子应该和一个人多大有关。"王老师今年多大"就是问王老师的年龄。正确答案是A。

52. 文本是："这个女孩子爱说爱笑，很漂亮。"相对应的句子应该和这个女孩子爱说爱笑、很漂亮有关。"朋友们都很喜欢她"就是这个情况的结果。正确答案是D。

53. 文本是："好！没问题，我去洗菜。"说话人很可能是回答一个建议，相对应的句子应该和是不是做一件事有关。"妈妈病了，我们来做饭吧"是提出做饭的建议。正确答案是B。

54. 文本是:"小李工作很忙。"相对应的句子应该和工作很忙有关。"他每天早上八点上班,晚上七点下班"是说他每天工作很长时间,工作很忙。正确答案是C。

55. 文本是:"明天我们一起去看电影,好吗?"是请别人看电影的时候说的话,相对应的句子应该和看电影有关。"他请朋友看电影"和看电影有关。正确答案是F。

56. 文本是:"欢迎,欢迎,快请坐吧!"这是会客时主人经常说的一句话,相对应的句子可以是一个人去另一个人家了,"王丽今天来我家了"和做客有关。正确答案是E。

57. 文本是:"你的电脑有问题?没关系,我来帮你。"这句话是说话人提出要帮助别人。"小张人很好,喜欢帮助大家"是说小张喜欢帮助别人。正确答案是A。

58. 文本是:"您现在喝一杯热水,再睡几个小时。"这是说话人关心听话人,照顾对方的话。相对应的句子应该和关心他人有关。"小李让爸爸好好休息"就是小李在关心爸爸。正确答案是C。

59. 文本是:"弟弟每次考试都是第一。"也就是说弟弟学得很好,相对应的句子应该和弟弟学习有关。"老师问问题,他常常第一个回答"说明他学习非常努力,是学得很好的原因。正确答案是B。

60. 文本是:"你怎么知道他出国了?"这句话说明听话人知道另一个人出国了。相对应的句子应该和怎么知道这件事有关。"昨天他打电话告诉我的"指出了听话人是怎么知道这件事的。正确答案是D。

HSK（二级）全真模拟试题（第4套）题解

一、听　力

第一部分

1. 听力文本是："他走出了房间。""房间"是 room。正确答案是"√"。

2. 听力文本是："那个小孩儿很不高兴。""不高兴"是 unhappy，图片上一个男孩子很不高兴。正确答案是"√"。

3. 听力文本是："同学给我一本汉语书。""书"是 book，但是图片上是一张 CD。正确答案是"×"。

4. 听力文本是："这个男人很想休息休息。""休息"是 rest，图片上一个男人很累很困的样子。正确答案是"√"。

5. 听力文本是："累了吗？喝杯茶吧。""茶"是 tea，但是图片上是一杯酒。正确答案是"×"。

6. 听力文本是："姐姐和妹妹都是学生。""学生"是 student，图片上姐姐和妹妹都穿校服，都是学生。正确答案是"√"。

7. 听力文本是："我生病了，要吃点儿药。""药"是 medicine，图片上有一些药。正确答案是"√"。

8. 听力文本是："我和朋友们一起去看电影。""看电影"是 see a movie，但是图片上是很多人在踢足球。正确答案是"×"。

9. 听力文本是："让小女孩儿给大家跳个舞吧。""跳舞"是 dance，图片上有一个女孩儿在跳舞。正确答案是"√"。

10. 听力文本是："我从那个商店买了很多菜。""菜"是 vegetable，图片上有很多蔬菜。正确答案是"√"。

第二部分

11. 女的问："医生，我的牙怎么了？"男的回答："让我来看一下。""医生"是 doctor，"牙"是 tooth。图片 E 上是一个医生在给女孩儿看牙。正确答案是 E。

12. 通过对话可知，还有三个学生没考完试。"考试"是 take an exam，图片 F 上有三个学生在考试。正确答案是 F。

13. 通过对话可知，桌子上有一些苹果。"苹果"是 apple，图片 C 上有一些苹果。正确答案是 C。

14. 女的问："有什么你喜欢的吗？"男的回答："这些我觉得都不错。""这些我觉得都不错"的英语是："I think all of those are pretty good."所以他们应该是对很多东西（比如衣服）进行评价。图片 B 上有很多衣服。正确答案是 B。

15. 通过对话可知，女的不听男的说话的原因是她不想听。"我不想听"的英语是："I don't want to listen."所以女的应该是不高兴或者很累。图片 A 上的女人看起来很累。正确答案是 A。

16. 这段对话和时间有关。"九点"是 nine o'clock。图片 E 上的时间是九点。正确答案是 E。

17. 通过对话可知，男的需要米饭。"米饭"是 rice，图片 C 上是一碗米饭。正确答案是 C。

18. 对话中提到了"回电话"，"回电话"是 call back，女的应该在打电话。图片 B 上一个女人在打电话。正确答案是 B。

19. 女的问："14 号是她的生日？"男的回答："对，我写在这儿了。""14 号"是 14th day of the month，图片 D 上是日历的 14 号。正确答案是 D。

20. 通过对话可知，女的不工作的时候想去一个漂亮的地方旅游。"旅游"是 travel，图片 A 是海边，是一个很漂亮的地方。正确答案是 A。

第三部分

21. 女的问男的今天为什么这么高兴，男的回答他找到了一个好工作。也就是说，男的因为找到好工作而高兴。正确答案是 A。

22. 男的请女的晚上七点一起去唱歌，女的回答，她也想去，但是工作太忙了。"但是"表示转折，也就是说，她因为工作太忙，不能去唱歌。正确答案是 B。

23. 男的问女的，这件事女的是不是告诉老李了。女的回答，她上午就打电话告诉他了。正确答案是 A。

24. 男的问女的想怎么去北京，是不是坐火车。女的回答，她想坐飞机去。正确答案是 C。

25. 女的问男的，明天的考试他准备得怎么样了。男的说他已经准备了一个星期了。正确答案是 B。

26. 男的问女的，小张五月的时候和谁去旅游了。女的说小张和她的女朋友去了。正确答案是 C。

27. 女的对男的说，她想买衣服，晚上去商店。男的回答，今天星期天，商店人太多，明天去。也就是说，男的不想今天去商店，想明天去。正确答案是 B。

28. 男的希望明天晚上一家人一起去看电影。女的表示同意，并说女儿最喜欢看电影了。因为男的说"我们一家人"，女的说"女儿最喜欢看电影"，所以可以知道男的是女的丈夫。正确答案是 A。

29. 女的问男的是不是小王，并说她是李丽。男的回答，小王不在，他十分钟后回来。互相说话，但却见不到对方，他们很有可能在打电话。"喂"是打电话时的常用语。正确答案是 C。

30. 女的问："一张车票就要三十块？不是二十吗？"男的回答："从上个月开始就卖三十了。"也就是说，车票原来卖二十块一张，现在卖三十块一张。正确答案是 A。

第四部分

31. 通过对话可知，星期五晚上女的没有时间，因为她要看电视。也就是说，星期五晚上，女的喜欢看电视。正确答案是 B。

32. 对话中出现了两个年龄，"五岁"和"七岁"，通过对话可知，男的女儿今年五岁，女的儿子今年七岁。正确答案是 B。

33. 对话中出现了"我请你"、"鸡肉"、"鱼"、"咖啡"等词。说明他们最有可能在饭馆儿，男的在请女的吃饭。正确答案是 C。

34. 通过对话可知，女的想去看爸爸妈妈，男的也想去。由此可见，他们想去爸妈家。正确答案是 A。

35. 男的问女的这几天在忙什么。女的回答，快考试了，她这几天忙着学习。由此可知，女的这几天在学习。正确答案是 C。

二、阅 读

第一部分

36. 文本是:"我觉得长一点儿好看。""长"是 long,这句话应该和某个东西的长短有关。图片 F 上一个女人在剪头发,她可能希望头发留长一点儿。正确答案是 F。

37. 文本是:"坐这路公共汽车可以到公司。""公共汽车"是 bus,图片 C 上一个女人正在上公共汽车。正确答案是 C。

38. 文本是:"看,这个女孩子跳得真高啊。""跳"是 jump,图片 E 上一个女孩子跳得很高。正确答案是 E。

39. 文本是:"那儿有一点儿钱,可以买报纸。""钱"是 money,图片 A 上有一些零钱。正确答案是 A。

40. 文本是:"手机在杯子旁边。""手机"是 cellphone,"杯子"是 cup,图片 B 上手机在杯子的旁边。正确答案是 B。

第二部分

41. "我家(　　)有一个商店,我有时去那儿买东西。"名词短语"我家"后面需要一个表示方位的名词,"旁边"表示方位,也是一个名词,可以放在这里,组成"我家旁边"。正确答案是 A。

42. "你太(　　)了,这些工作让我来做吧。""太……了"中间需要一个表示人的状态的形容词。"忙"表示状态,也是一个形容词,可以放在这里,组成"你太忙了"。正确答案是 C。

43. "(　　)吃,苹果还没有洗呢。"动词"吃"前面需要一个副词。因为"苹果还没有洗呢",所以此处应该填入一个表示否定的副词。"别"是否定副词,可以放在这里,组成"别吃"。正确答案是 D。

44. "(　　)新年还有十天,大家都在准备。"名词"新年"前面需要一个动词,组成动宾短语。"离"是动词,表示"距离",可以放在这里,组成"离新年"。正确答案是 F。

45. 文本是："小张，上午小王打电话来（　　）你，但是你不在。""打电话来（　　）你"是连动句，括号里应放入动词。通过后半句"但是你不在"可知，小王是打电话来找他的。正确答案是B。

第三部分

46. 文本是："小李吗？我是张红。我病了，今天不去上课了。请帮我告诉王老师，谢谢！"这段话是张红打电话给小李，让小李告诉老师，她今天不去上课了。由此可知，是张红今天不去上课，不是小李。正确答案是"×"。

47. 文本是："小王想学游泳，但是工作太忙了，没有时间。"也就是说，小王因为工作太忙没有时间，所以没有学游泳。正确答案是"√"。

48. 文本是："明天下午吗？没问题，那明天见！"也就是说，明天下午是可以的。这是在约定时间，"没问题"的意思是"行，可以"，表示同意。与"问问题"无关。正确答案是"×"。

49. 文本是："她买了一块手表送给爸爸，爸爸很高兴。"也就是说，是她送给爸爸手表，不是爸爸送给她。正确答案是"×"。

50. 文本是："小张，你明天下午来我公司，好吗？我有事找你。"也就是说，"我"让小张明天下午来找"我"。正确答案是"√"。

第四部分

51. 文本是："今天外面下大雪了，很冷。"和它对应的句子应该和天气冷有关。"我不想出门，就想在家休息"是天气冷的结果。正确答案是D。

52. 文本是："你买几个西瓜？"和它对应的句子应该和买西瓜的数量有关。"我要两个"是对这个问题的回答。正确答案是C。

53. 文本是："这个饭馆儿的菜真好吃！"和它对应的句子应该和饭馆儿好坏有关。"所以我请你来这儿吃饭"是说饭馆儿菜好吃，是我请你来这儿吃饭的原因。正确答案是A。

54. 文本是："她不喜欢看书。"这句话是说她对看书这件事的态度。和它对应的句子应该和看书这件事有关。"妹妹每次一看书就想睡觉"，说明妹妹不喜欢看书。正确答案是F。

55. 文本是:"看见我的手机了吗?上午还在的。"说话人在找手机,问另一个人有没有看见。和它对应的句子应该和找东西有关。正确答案是B。

56. 文本是:"小明这孩子学习很好,同学们也很喜欢他。"这句话是对这个孩子的评价。相对应的句子应该和孩子有关。正因为"张丽去见孩子的老师了",所以可能听到老师对孩子的评价。正确答案是E。

57. 文本是:"你真好!这样我上班路上的时间就少了!"是说话人对听话人的帮助表示感谢。相对应的句子是"弟弟的生日快到了,我想送给他一个自行车。"也就是说,因为有人送给他自行车,所以他上班的时间就少了。正确答案是B。

58. 文本是:"好的,先生,请等一下。"很可能是听话人对说话人提出了一个要求,相对应的句子应该和要求有关。"小李向服务员要一个杯子"是小李对服务员的要求。正确答案是D。

59. 文本是:"太好了!我们明天出去玩儿吧!"这很可能是说话人听到了一个好消息后的反应。相对应的句子应该和这个好消息有关。"从明天开始,可以休息五天"就是一个好消息。正确答案是A。

60. 文本是:"妹妹,你工作怎么样?忙不忙?"这是说话人在和妹妹说话。正确答案是C。

HSK（二级）全真模拟试题（第5套）题解

一、听　力

第一部分

1. 听力文本是："生日快乐！这是我送给你的。"这句话对应的英文是："Happy birthday! This is for you."图片上是一个拿着礼物（present）的女人。正确答案是"√"。

2. 听力文本是："你昨天买的那个西瓜真好吃。""西瓜"是 watermelon，图片上的水果是草莓（strawberry）。正确答案是"×"。

3. 听力文本是："请给我一杯咖啡好吗？""咖啡"是 coffee，图片上是一杯咖啡。正确答案是"√"。

4. 听力文本是："哥哥非常喜欢打篮球。""打篮球"是 play basketball，图片上是一个人推着自行车。正确答案是"×"。

5. 听力文本是："我喜欢小猫。""猫"是 cat，图片上是狗（dog）。正确答案是"×"。

6. 听力文本是："谢谢你给我开门。"这句话对应的英文是："Thank you for helping me open the door."图片上是一个人正要开门。正确答案是"√"。

7. 听力文本是："她今天早上去跑步了。""跑步"是 run，图片上是一个女人正在跑步。正确答案是"√"。

8. 听力文本是："今天中午他吃的是米饭。""米饭"是 rice，图片上是面条（noodle）。正确答案是"×"。

9. 听力文本是："他每天都坐公共汽车去公司上班。""公共汽车"是 bus，图片上是一辆公共汽车。正确答案是"√"。

10. 听力文本是："他们希望坐船去。""船"是 ship, 图片上是火车（train）。正确答案是"×"。

第二部分

11. 女的问男的："你觉得这件衣服怎么样？"这句话对应的英文是："What do you think of this dress?"图片 E 上是一个女人手里拿着一件衣服。正确答案是 E。

12. 男的说："小王，你妹妹的电话。""你妹妹的电话"对应的英文是："Your younger sister is calling you."图片 C 上是一个人手里拿着电话听筒。正确答案是 C。

13. 通过对话可知，手表是男的过生日的时候妻子送给他的。"手表"是 watch, 图片 A 上是一个男人戴着手表。正确答案是 A。

14. 男的问女的考得怎么样？女的回答："非常好，我觉得我能考第一。""考试怎么样"对应的英文是："How is your exam?"图片 F 上是两个学生在教室里聊天（chat），他们可能在聊考试的事。正确答案是 F。

15. 女的说："看到了吗？最左边这个人就是我。"这个句子对应的英文是："Did you find where I was? I'm the girl on the most left."男的回答："看到了，你右边的是王医生吗？"说明有很多人在一起。他们可能在看照片。正确答案是 B。

16. 女的告诉男的她妹妹在一家医院工作，"医院"是 hospital, 在医院工作的人可能是医生，图片 A 上是一位医生。正确答案是 A。

17. 女的问男的现在游泳游得怎么样，男的说还游得不太好。"游泳"是 swim, 图片 D 上是一个男人正在游泳。正确答案是 D。

18. 男的因为小狗生病请女的看看小狗，说明女的是给小狗看病的医生。图片

E 上是一个医生在给小狗看病。正确答案是 E。

19. 女的问男的爸爸回家了没有。男的说："回来了，他现在正在看电视呢。""他现在正在看电视呢"对应的英文是："He is watching TV now."正确答案是 B。

20. 男的问："教室里为什么一个人也没有？"这个句子对应的英文是："Why is there nobody in the classroom?"图片 C 上是一个没有人的教室。正确答案是 C。

第三部分

21. 女的说："吃饭了，别看报纸了。"由此可知，男的正在做的事情是"看报纸"，女的想让男的做的事情是"吃饭。"正确答案是 A。

22. 男的问女的陈小姐住哪个房间，女的告诉他陈小姐住三二零房间。正确答案是 C。

23. 女的说："下雪了，今天比昨天冷多了。"也就是说今天是雪天。正确答案是 B。

24. 男的问女的怎么还没到，女的说"我在出租车上，……你等我几分钟"。由此可知，女的在坐出租车。正确答案是 C。

25. 女的问男的昨天踢了多长时间足球，男的说："没踢，不是下雨了吗？""不是……吗"是反问句，表示肯定的意思，说明昨天下雨了，所以男的没踢足球。正确答案是 A。

26. 男的问女的是不是第一次来北京，女的说"不是，三年前来过一次"，也就是说，女的是第二次来北京。正确答案是 B。

27. 女的问男的是不是坐公共汽车去，男的回答："不，从这儿到那儿很近，走五分钟就到了。"男的觉得走五分钟就能到，不需要坐公共汽车。正确答案是 A。

28. 男的问女的想要什么生日礼物，女的说："给我买一个红色的自行车吧。"也就是说，女的想要自行车。正确答案是C。

29. 女的说："你听错时间了，他们四点半就坐校车去机场了。"说明男的来的时间不对，男的说："没关系，现在五点……。"也就是说，男的应该四点半来，但是他五点才来，他来晚了。正确答案是A。

30. 女的对男的说："你和儿子在这儿等我，我去买火车票。"由此可知，是女的去买火车票。正确答案是B。

第四部分

31. 对话中提到"服务员"、"鱼"、"羊肉"，通过这几个词可以知道，他们可能是在饭馆儿。正确答案是A。

32. 女的让男的不要看了，休息休息，男的说："明天就要考试了，我还没准备好呢。"男的为了明天的考试在做准备，所以他应该是在看书。正确答案是B。

33. 男的觉得孩子太胖了，应该每天游两个小时泳，女的说："两个小时太长了，一个小时吧。"也就是说，女的想让孩子游一个小时。正确答案是A。

34. 女的请男的明天去唱歌，男的说自己歌唱得不好，不想去，女的说唱得不好没关系，男的最后说："那好吧，明天见。""好吧"表示同意。由此可知，男的同意明天去唱歌。正确答案是C。

35. 男的对女的说："你的问题不大，我给你开点儿药，吃点儿药就会好的。"后面男的又告诉女的药怎么吃。男的能给女的开药并指导她吃药，说明他是医生。正确答案是B。

二、阅 读

第一部分

36. 文本是："我生病了，妈妈让我吃药。""吃药"是 take medicine，图片 E 上有一个女孩儿，一手拿着药一手拿着水。正确答案是 E。

37. 文本是："给您介绍一下，这是刘老师。"这个句子对应的英文是："Let me introduce to you, this is teacher Liu."图片上有三个人，一个女人站在后面，正在介绍另外两个人认识。正确答案是 A。

38. 文本是："她太累了，现在很想睡觉。"这个句子对应的英文是："She is so tired and she wants to sleep."图片 F 上一个人坐在椅子上伸腰，很累的样子。正确答案是 F。

39. 文本是："这都是我做的，你看要不要吃一个。""吃"是 eat，说话人请别人吃东西，图片 B 上是一个人拿着很多面包。正确答案是 B。

40. 文本是："这个 CD 真不错，我想买两张。""这个 CD 真不错"对应的英文是："This is a really good CD."图片 C 上是一张 CD。正确答案是 C。

第二部分

41. "他没学过汉语，所以听不（　）我们说话。"动词"听"后面需要一个形容词或者动词表示结果，动词"懂"可以放在"听"后面，表示"听"的结果。正确答案是 F。

42. "那个穿（　）黑衣服的男人就是赵先生。"这里需要一个补语或动态助词放在动词"穿"和宾语"黑衣服"中间，"着"是动态助词，可以放在这里。正确答案是 A。

43. "学校（　）我家不太远，走路十五分钟就能到。""A 地离 B 地远/近"是汉语中一个常用的句型。正确答案是 C。

133

44. "我们每天（　　）后都要喝一杯咖啡。""后"表示时间，前面需要填入时间词或者某个动作，选项中 B 表示动作，可以组成"起床以后"，表示时间。正确答案是 B。

45. 通过对话可知，男的爸爸在医院住了半个多月，现在好多了，应该是指身体好多了。所以女的问的是男的爸爸现在身体怎么样。正确答案是 D。

第三部分

46. 文本是："我来北京三年了，去年开始学习汉语，……"因为是"去年开始学习汉语"，所以他学了两年汉语。正确答案是"×"。

47. 文本是："外面阴天了，可能要下雨……""可能要下雨"说明现在还没下雨。正确答案是"√"。

48. 文本是："……，老师出了一个题，但是我们都不知道怎么做。""我们都不知道怎么做"说明说话人也不会做那个题。正确答案是"√"。

49. 文本是："……，但是因为他爱运动，所以比我高很多。"也就是说，弟弟比"我"高很多。正确答案是"×"。

50. 文本是："我家的小猫非常喜欢看电视，晚上我看电视时，它都坐在旁边和我一起看。"这里只介绍了小猫喜欢什么，没有说"我"喜欢不喜欢这只猫。正确答案是"×"。

第四部分

51. 文本是："我的天，手表慢了半个小时。"和它对应的句子应该和时间有关。正确答案是 C。

52. 文本是："太好了，我很早就想买个新手机了。"这说明可能有人送了他新手机，他很高兴。和它对应的句子应该和送礼物有关。正确答案是 A。

53. 文本是："她向我笑了笑，不回答。"这说明可能有人问她问题她没回答，对应的句子应该是个问句，而且她"笑了笑，不回答"，应该是个不好意思回答或者不想回答的问题。正确答案是D。

54. 文本是："今天老师给我们介绍了中国人的姓。"和它对应的句子应该和中国人的姓有关。正确答案是F。

55. 文本是："四百五太贵了，能不能便宜点儿？"这说明他在买东西。正确答案是B。

56. 文本是："我们晚上去看电影，你想不想一起去？"与它对应的句子应该是对这个问句的回答，也就是"想去"或者"不想去"或者再加上原因。正确答案是D。

57. 文本是："你太忙了，要多休息休息。"和它对应的句子应该和公司、工作有关。正确答案是E。

58. 文本是："对，我有朋友在那儿工作。"以"对"开头，说明和它对应的句子可能是个问句；而且句子中有"在那儿工作"，说明和它对应的句子里还应该提到了一个地方。正确答案是A。

59. 文本是："今天她和妹妹去商店买衣服了。"和它对应的句子应该和买东西有关。正确答案是B。

60. 文本是："你们快请进，来，吃点儿西瓜吧。"和它对应的句子应该和房间、家有关。正确答案是C。

HSK（二级）全真模拟试题（第6套）题解

一、听　力

第一部分

1. 听力文本是："老师告诉大家明天不上课，这太好了。""这太好了"对应的英文是："That's wonderful."因为不上课所以学生们非常高兴，图片上很多同学高兴得跳了起来。正确答案是"√"。

2. 听力文本是："我最喜欢的运动是踢足球。""踢足球"是 play football. 图片上是一个女孩儿拿着一个篮球（basketball）。正确答案是"×"。

3. 听力文本是："妈妈，看我这儿，笑一个。"文本对应的英文是："Mum, look at me and smile."图片上一个男孩儿在给妈妈拍照。正确答案是"√"。

4. 听力文本是："今天是我生日，晚上一起去跳舞吧。""跳舞"是 dance，图片上是很多人在一起唱歌（sing）。正确答案是"×"。

5. 听力文本是："妹妹喜欢下雪天出去玩儿。""下雪"是 snow，图片上是一个小女孩儿拿着一把雨伞，说明现在正在下雨（rain）。正确答案是"×"。

6. 听力文本是："天气太热了，吃一块西瓜吧。""西瓜"是 watermelon，图片上是西瓜。正确答案是"√"。

7. 听力文本是："小猫正在喝水。"对应的英文是："The cat is drinking water."图片上是一只小猫在喝水。正确答案是"√"。

8. 听力文本是："我觉得读书是一件很快乐的事情。"这个句子对应的英文是："I think reading is a very happy thing."图片上是一个女人在很高兴地看书。正确答案是"√"。

9. 听力文本是:"我们五个人里小张最高。""Xiao Zhang is the tallest of five of us." 图片上有五个人,其中一个最高。正确答案是"√"。

10. 听力文本是:"这是我第一次坐船去旅游。""船"是 ship,图片上是一架飞机。正确答案是"×"。

第二部分

11. 男的对女的说:"这个菜是我做的,你多吃一点儿。"菜是 dish,图片 A 上是一个女人在吃菜。正确答案是 A。

12. 对话谈的是时间。图片 B 上是一个男人一边打电话一边看手表。正确答案是 B。

13. 女的问:"这个问题谁来回答。"这个句子对应的英文是:"Who can answer this question?"男的回答:"老师,让我来吧。""让我来吧"对应的英文是:"I'll try it."图片 F 上是一个老师在提问,一个男同学在回答。正确答案是 F。

14. 男的问:"请问,你要吃点儿什么?"这句话对应的英文是:"What would you like to eat?"女的问男的羊肉是怎么做的,所以他们应该是在饭馆儿。图片 C 上是一个服务员(waiter)和一个女人。正确答案是 C。

15. 女的说:"你的篮球打得真好。"这句话对应的英文是:"You play basketball so well."图片 E 上是一个男孩儿在打篮球。正确答案是 E。

16. 男的问:"喂,我在机场,你到哪儿了?""喂"是 hello,说明他们可能在打电话,女的说:"我下车了,你等我一下。"说明女的正在接男的电话,图片 C 上是一个女人在打电话。正确答案是 C。

17. 女的问:"爸爸,你看我写得好不好?"这句话对应的英义是:"Dad, what do you think of my writing?"图片 A 上是一张写了字的纸。正确答案是 A。

18. 男的告诉女的他考试考了第一，女的说："是吗？吃饭吧，吃了饭再说。""吃饭"是 have a meal，图片 D 上是一个男孩儿正在吃饭。正确答案是 D。

19. 女的说："别看报纸了，来帮我做饭吧。""看报纸"是 read newspaper，图片 B 上是一个男人在看报纸。正确答案是 B。

20. 男的对女的说："长时间看电脑对眼睛不好，你要休息一下。""长时间看电脑对眼睛不好"对应的英文是："Watching computer for long time is bad for your eyes."图片 E 上是一个女人正在对着电脑工作。正确答案是 E。

第三部分

21. 女的说："这块手表真漂亮，但是九千元太贵了。"由此可知，这块手表卖九千元很贵。正确答案是 C。

22. 男的问女的每天怎么来公司，女的说："坐公共汽车，但是今天起床晚了，坐出租车来的。"由此可知，女的平常都是坐公共汽车来，但是今天是坐出租车来的。正确答案是 B。

23. 女的觉得自己比去年胖了很多。男的说："你要多运动，明天和我去游泳吧。"由此可知，男的让女的去游泳。正确答案是 A。

24. 男的说："我学过两年汉语，但是说得不太好，你能帮助我吗？"由此可知，男的汉语说得不太好。正确答案是 B。

25. 女的说："我买这个黑颜色的手机吧，比白的便宜点儿。"由此可知，女的想买黑颜色的手机，因为它比较便宜。正确答案是 A。

26. 男的问女服务员菜怎么还不上来，女的说因为星期天人很多，所以菜上得很慢，所以今天是星期天。正确答案是 C。

27. 女的说:"我家离火车站很近,我去买票吧。"由此可知,女的去买火车票。正确答案是 A。

28. 男的让女的休息一下,女的说:"谢谢,能给我一杯咖啡吗?""能……吗"表示请求,所以她想让男的给她一杯咖啡。正确答案是 C。

29. 通过对话可知,女的住左边的房间,她弟弟住右边的房间。正确答案是 B。

30. 男的问:"明天就是新年了,你想对家人说点儿什么?"由此可知,明天是 1 月 1 日,那么今天是 12 月 31 日。正确答案是 B。

第四部分

31. 男的问女的为什么还没到他家,女的回答:"我正在路上,快到了,我们十点从你家去火车站吗?"由此可知,女的现在要去男的家,然后他们一起去火车站。正确答案是 C。

32. 女的问男的为什么没给她买红色的自行车,男的回答:"红色的卖完了……"由此可知,男的没买红色自行车是因为红色的卖完了。正确答案是 A。

33. 男的准备给女的做饭,问女的想吃什么,女的回答:"我最喜欢吃鱼了。"由此可知,他们在说吃什么。正确答案是 A。

34. 通过对话可知,女的学校里中国学生是九千人,外国学生是六百多人。正确答案是 A。

35. 男的生病后每天早上都慢跑一小时,女的问:"那我可以和你一起跑吗","可以……吗"表示征求别人的意见,所以女的想和男的一起跑步,希望男的同意。正确答案是 B。

二、阅 读

第一部分

36. 文本是:"我正在和妈妈学做菜。""学做菜"learn cooking,图片 A 上有一个女人在做菜,旁边站着一个女孩儿。正确答案是 A。

37. 文本是:"这个题怎么做?让我想一想。""让我想一想"对应的英文是:"Let me think."图片 E 上是一个男孩儿在想问题。正确答案是 E。

38. 文本是:"看你的小猫,它想做什么?""小猫"是 kitten,图片 F 上有一只小猫正在看着鱼缸。正确答案是 F。

39. 文本是:"快去洗洗手吧,我们就要吃饭了。""洗手"是 wash,图片 B 上是一个人在洗手。正确答案是 B。

40. 文本是:"妈妈告诉我们每天喝牛奶对身体好。"对应的英文里"It's good for our health to drink milk every day."图片 C 上是一个女孩儿手里拿着一杯牛奶。正确答案是 C。

第二部分

41. "外面阴天了,(　　)要下雨,等天晴了再去吧。""阴天"和"下雨"之间是可能性关系,不一定发生。正确答案是 D。

42. "这件衣服要八(　　)元?太贵了吧?""八(　　)元"是数量短语,表示价格,括号里可以填入数词"百"。正确答案是 F。

43. "你(　　)问了,我是不会告诉你的。"动词"问"前面通常用副词修饰,"我是不会告诉你的"说明说话人希望对方不要问,可以填入"别"、"不要"等词。正确答案是 B。

44. "医院不远,你从这儿(　　)前走五分钟,路的左边就是。""介词+方位词"构成表示处所的介词短语。括号中可以填"向、朝、往"等词。正确答案是 C。

45. "请进，欢迎来我家，我来（ ）一下，这是我妻子李苹。"客人来家里时会介绍家人，相互认识。正确答案是 A。

第三部分

46. 文本是："这是我姐姐，她正在读大学，她喜欢笑着说话，大家都很喜欢她。"由此可知，姐姐喜欢笑着说话，而不一定是很喜欢说话。正确答案是"×"。

47. 文本是："你快一点儿，已经七点二十了，电影八点钟开始，我在教室外面等你。""电影八点钟开始"，现在七点二十。也就是说，电影还没有开始。正确答案是"√"。

48. 文本是："您和妈妈快下去吧，火车要开了，我到了学校就给你们打电话。"说话人让听话人和妈妈快下去，因为火车要开了。由此可知，他们没有一起去学校。正确答案是"×"。

49. 文本是："小亮，你别去游泳了，现在下雨呢，水很冷，会生病的。天气好了我们一起去。"说话人让小亮别去游泳，也就是说，小亮是想要去游泳。正确答案是"×"。

50. 文本是："我们一家准备去上海旅游……买两张火车票就可以。"由此可知，说话人一家要坐火车去上海。正确答案是"√"。

第四部分

51. 文本是："老师说什么了？太快了，我没听懂。"和它对应的句子应该和老师说话有关。正确答案是 C。

52. 文本是："欢迎下次再来！"这通常是商店或饭店送客人时说的话，和它对应的句子应该和商店、饭店有关。正确答案是 F。

53. 文本是:"怎么会?我们说好十点去医院看朋友的。"由此可知,对方没有在十点去医院看朋友,和它对应的句子可能和没去的原因有关。正确答案是A。

54. 文本是:"别在公共汽车上看书、看报纸。"在公共汽车上看书、看报纸对眼睛不好,和它对应的句子可能和眼睛有关。正确答案是D。

55. 文本是:"可能是天气太热了,你给它喝点儿水吧。"和它对应的句子应该和天气太热有关,"给它喝点儿水"说明喝水的是一种动物。正确答案是B。

56. 文本是:"请问,鸡蛋在哪儿买?"说明说话人在买东西,因此与商店有关。正确答案是D。

57. 文本是:"每次都吃了晚饭再回去。"和它对应的句子应该和去某个地方有关。正确答案是C。

58. 文本是:"他是我的同学,他姓东方,叫东方颜。"和它对应的句子可能和姓名有关。正确答案是A。

59. 文本是:"对不起,我昨天生病了,也没来。"这说明有人问说话人问题,而说话人无法回答,和它对应的句子应该是个问句。正确答案是E。

60. 文本是:"他不到五点就回家了。"和它对应的句子应该和回家有关。正确答案是B。

HSK（二级）全真模拟试题（第7套）题解

一、听　力

第一部分

1. 听力文本是："我喜欢和同学们一起学习。"这个句子对应的英文是："I like learning with my classmates together."图片上是几个学生在一起学习。正确答案是"√"。

2. 听力文本是："我每天早上喝一杯牛奶，吃一个鸡蛋。""牛奶"是 milk，"鸡蛋"是 egg，图片上是面包和果汁。正确答案是"×"。

3. 听力文本是："她还有很多书没看完，但是她太累了。"这句话对应的英文是："She had many books to read yet, but she was too tired."图片上是一个人趴在桌上，桌上有很多书。正确答案是"√"。

4. 听力文本是："从我家到公司要坐一个小时公共汽车。""公共汽车"是 bus，图片上是一个女人坐在出租车上，她没有坐公共汽车。正确答案是"×"。

5. 听力文本是："她坐在椅子上。"这句话对应的英文是："She sat in the chair."图片上是一个女人坐在椅子上。正确答案是"√"。

6. 听力文本是："孩子正在帮妈妈洗苹果。""洗苹果"是 wash apple，图片上是一个孩子正在洗苹果。正确答案是"√"。

7. 听力文本是："妈妈说，我比去年高了不少。""我比去年高了不少"对应的英文是："I am much taller than last year."图片上是一个小男孩儿在量身高。正确答案是"√"。

8. 听力文本是："看报纸时，他喜欢来一杯咖啡。""他喜欢来一杯咖啡"对应的英文是："He likes to drink a cup of coffee."图片上是一个男人在看书，没有喝咖啡。正确答案是"×"。

9. 听力文本是:"我儿子和女儿正在学游泳。"这个句子对应的英文是:"My son and daughter are learning to swim."图片上一个男孩儿和一个女孩儿在游泳池里。正确答案是"√"。

10. 听力文本是:"晚上,他和妻子去跑步了。""跑步"是 run,图片上是两个人在跳舞,不是在跑步。正确答案是"×"。

第二部分

11. 男的说:"爸爸,你做的菜比妈妈做的还好吃。"这句话对应的英文是:"Dad, your cooking is better than mum's."爸爸说:"是吗?那你多吃点儿。""多吃点儿"是 eat more,图片 C 上是爸爸在给儿子夹菜。正确答案是 C。

12. 男的说:"喂,我从机场出来了,你还有多长时间到?""喂"是 hello,打电话时我们常常用"喂",图片 F 上是一个男人正在一边打电话一边看表。正确答案是 F。

13. 女的在跟小狗说话,男的觉得女的很有意思。"狗"是 dog,图片 A 上是狗在吃东西。正确答案是 A。

14. 通过对话可以知道,女的不想去医院,只想吃点儿药。"药"是 medicine。图片 E 上一个人正在准备吃药。正确答案是 E。

15. 通过对话可知,小女孩儿打算告诉妈妈,她姐姐的考试情况。"我告诉你"是:"I tell you."图片 B 上是一个小女孩儿在告诉妈妈一件事。正确答案是 B。

16. 男的说:"已经十点了,妈妈怎么还不起床?"这句话对应的英文是:"It's ten already, why does not mum get up?"图片 B 上有一个女人在睡觉。正确答案是 B。

17. 女的问:"你买了新自行车吗?""自行车"是 bicycle,图片 C 上是一个男孩儿骑着自行车。正确答案是C。

18. 老师问大家还有问题要问吗。女的回答："老师，我有一个问题。"这个句子对应的英文是："Teacher, I have a question."图片A是一个学生在问问题。正确答案是A。

19. 女的问："这件衣服多少钱？"这句话对应的英文是："How much is this coat?"图片D上是一个女人手里拿着一件衣服。正确答案是D。

20. 男的问："你女儿什么时候开始学跳舞的？""跳舞"是dance，图片E上是一个跳舞的女孩儿。正确答案是E。

第三部分

21. 女的问男的为什么喜欢打篮球，男的说："因为篮球这个运动让我很快乐。"也就是说，男的喜欢打篮球是因为打篮球让他觉得快乐。正确答案是B。

22. 男的觉得房间里太热了，女的说："你觉得热？我怎么还冷呢？"女的用问句形式表示自己很冷。正确答案是C。

23. 女的想要去唱歌，因为她昨天已经游过泳了。男的表示同意。所以他们下午要去唱歌。正确答案是A。

24. 男的说："这件衣服一千元？太贵了吧！"由此可知，这件衣服现在卖1000元。选项A"500块"是这件衣服便宜了500块，选项C"1500块"是这件衣服原来的价钱。正确答案是B。

25. 女的让男的留下吃饭，男的说："不了，天都黑了……我得走了。""天黑了"说明现在是晚上。正确答案是C。

26. 男的让女的吃西瓜，女的说："我不想吃西瓜，有水吗？"说明女的想要喝水。正确答案是A。

27. 女的问男的为什么还不回家,男的回答:"我买完东西就回家……"由此可知,男的正在买东西,他可能是在商店。正确答案是C。

28. 男的认为题太多,做不完。女的说:"你不说那么多话就能做完了。"意思是请男的不要说话,快点儿做题。正确答案是B。

29. 女的对男的说:"很累吧,来洗手吃饭吧。"由此可知,女的让男的洗手吃饭,选项C"踢足球"是男的累的原因,是已经做完的事情。正确答案是A。

30. 女的问男的为什么眼睛这么红,男的回答:"昨天晚上工作到十二点多。"也就是说,因为男的昨天工作到很晚,没有睡好觉,所以眼睛才红红的。正确答案是C。

第四部分

31. 男的说:"妈妈,我找不到我的手机了。"说明男的正在找手机。电脑旁边和电视机上是女的让男的去找的地方。正确答案是A。

32. 女的问男的什么时候去北京,男的回答:"已经买好了星期五的票了。"由此可知,男的星期五去北京。选项A"星期三"是说男的从星期三开始不去公司了,并不是他去北京的时间。正确答案是C。

33. 男的说:"服务员,菜太少了,再给我们来个鱼。"句子中提到了"服务员"、"菜"和"鱼",说明他们可能在饭馆儿。正确答案是B。

34. 男的说:"我上班没到一个月呢……"由此可知,男的工作不到一个月。选项C"一年"是指男的一年前答应送女的一块表。正确答案是A。

35. 女的欢迎男的来公司,男的说:"我有很多东西要向您学习,还请您多多帮助。"女的说:"大家一起工作就是朋友了,不要客气。"由此可知,他们在说工作的事情。正确答案是C。

二、阅　读

第一部分

36. 文本是："明天是我丈夫的生日，这些都是送给他的。""这些都是送给他的"对应的英文是："All of these are for him."图片 A 上是一个女人买了很多东西。正确答案是 A。

37. 文本是："吃过早饭我去学校上课。""去学校上课"是 go to class，图片 C 上是一个小男孩儿背着书包准备去学校上课。正确答案是 C。

38. 文本是："她在饭馆儿做服务员。""服务员"是 waiter, waitress，图片 F 上是一个女服务员。正确答案是 F。

39. 文本是："你看，这就是我姐姐，她漂亮吧？""这就是我姐姐"对应的英文是："This is my elder sister."说话人在向别人介绍自己的姐姐，图片 B 上有一个人在给别人看手机上的照片。正确答案是 B。

40. 文本是："外面下雪了，我们出去玩儿吧。""下雪"是 snow，图片 E 上是两个孩子在雪中玩儿。正确答案是 E。

第二部分

41. "（　）的电脑是我的，不是妈妈的。"括号里需要填入一个定语来修饰电脑，这个定语可以由形容词、名词、量词结构充当，"左边"是一个方位名词，可以填入。"左边的电脑"将说话人的电脑与其他电脑区分开来。正确答案是 C。

42. "哥哥，天已经（　）了，我们出去玩儿吧。"括号里需要填入谓语，这个谓语可以由形容词或动词充当。"我们出去玩儿"说明天气变好了，可能是晴了。正确答案是 D。

43. "你到了吗？我在去机场的（ ）上。""去/回……的路上"是汉语中一个常用的句型。正确答案是 F。

44. "请（ ），这是我的房间，你在这儿休息一下吧。""请"常用于希望对方做某事，如"～进、～坐、～说、～问"等。说话人让对方在自己房间休息，应该先让对方进来，所以填"进"。正确答案是 B。

45. "对不起，这个问题我不想（ ）。"女的问张小姐有没有男朋友，这是别人的隐私，男的说"对不起"，说明他不想回答这个问题。正确答案是 A。

第三部分

46. 文本是："我希望你能和我一起去，因为我想让你认识一下我的朋友。"这里只提到说话人想介绍朋友给别人认识，没有说他有很多朋友。正确答案是"×"。

47. 文本是："下个星期三，25 号就是我丈夫的生日了，你说我送他什么好呢？"说话人问别人送什么东西给她丈夫比较好，也就是说，她没想好送什么。正确答案是"√"。

48. 文本是："这件事他没说……不知道也好。"说明说话人不知道这件事。正确答案是"√"。

49. 文本是："我在一个离家很近的公司工作……。"说明他家离公司很近。正确答案是"√"。

50. 文本是："这只小猫来我家还不到两个月，现在已经三公斤了，看来，要让它多做运动了。"说话人只提到猫来他家不到两个月已经三公斤了，认为它要多做运动，没有说猫喜欢吃东西。正确答案是"×"。

第四部分

51. 文本是："他想和妻子一起去旅游。"和它对应的句子应该与旅游有关，旅游一般只有在不忙的时候才会去。正确答案是 A。

52. 文本是:"阴天了,很冷,你多穿点儿衣服。"和它对应的句子应该和天气有关。正确答案是 F。

53. 文本是:"医生说这对身体很好。"和它对应的句子应该和对身体好的事情有关。正确答案是 C。

54. 文本是:"我还有很多书没看完呢。"和它对应的句子应该和看书、考试有关。正确答案是 D。

55. 文本是:"就是那个穿着红衣服的女人。"和它对应的句子应该和找人有关。正确答案是 B。

56. 文本是:"我想吃羊肉,请问你们这儿有吗?"和它对应的句子应该和吃饭有关。正确答案是 B。

57. 文本是:"我在十年前就认识他了。"和它对应的句子应该和两人的关系有关。正确答案是 D。

58. 文本是:"你向右边看,我在这儿呢。"和它对应的句子可能是个问句,句子中说"在这儿呢",和它对应的句子应该是问在哪儿。正确答案是 C。

59. 文本是:"他来中国两个月了。"和它对应的句子应该和在中国的生活有关。正确答案是 A。

60. 文本是:"我家的小狗很爱看报纸。"小狗看报纸这件事情不是真的,和它对应的句子应该和这件事情有关。正确答案是 E。

HSK（二级）全真模拟试题（第8套）题解

一、听　力

第一部分

1. 听力文本是："那个喝水的人是她丈夫。""丈夫"是husband，是男的，但是图片上是一个女的。正确答案是"×"。

2. 听力文本是："路边有很多自行车。""自行车"是bike，图片上女的旁边有很多自行车。正确答案是"√"。

3. 听力文本是："我买到电影票了。""票"是ticket，图片上是一个女的手里拿着票。正确答案是"√"。

4. 听力文本是："下大雪了，我们做了个雪人。""下大雪"是snow heavily，图片上是一个人穿着裙子打着伞，没下雪。正确答案是"×"。

5. 听力文本是："我累了，想在家休息休息。""休息"是rest，图片上是一个男的正在运动，不是在休息。正确答案是"×"。

6. 听力文本是："他们一起打篮球，非常高兴。""打篮球"是play basketball，图片上有两个男孩儿在打篮球。正确答案是"√"。

7. 听力文本是：小姐，请问这件多少钱？"多少钱"是how much，图片上一个女的正在买衣服。正确答案是"√"。

8. 听力文本是："我哥哥坐公共汽车去上班。""公共汽车"是bus，图片上是一辆公共汽车。正确答案是"√"。

9. 听力文本是："这个房子不太大，但是很新。""房子"是house，图片上是一个新房子。正确答案是"√"。

10. 听力文本是:"都十点了,她还没起床。""没起床"是 did not get up,图片上是一个女的在床上睡觉(sleep)。正确答案是"√"。

第二部分

11. 男的问:"这题哪儿错了?"女的回答:"我看看。""这题哪儿错了"英语是:"What is the mistake?""我看看"的英语是:"Let me take a look."图片 C 上是一个男孩儿看着本子在问,旁边有一个女的在看。正确答案是 C。

12. 通过对话可知,男的每天都去游泳。"游泳"是 swim,图片 F 上是一个男的正在游泳。正确答案是 F。

13. 一个人说:"医生说你的身体没问题。"另一个人说:"谢谢你来看我。""医生说你的身体没问题"的英文是:"The doctor says you are all right now.""看"在这儿的意思是 visit,图片 B 上是两个男的正在医院,一个男的在看另一个人。正确答案是 B。

14. 通过对话可知,男的不想喝咖啡和茶,他想喝水。"喝水"的英语是 drink water。图片 A 上是一杯水。正确答案是 A。

15. 通过对话可知,男的和女的正在车站等车。"车来了"的英语是:"Here comes the bus."图片 D 是一辆公共汽车来了。正确答案是 D。

16. 通过对话可知,女的在帮男的选衣服。"衣服"是 clothes,图片 D 上有一件男的衣服。正确答案是 D。

17. 通过对话可知,女的一边吃饭一边看报纸。"看报纸"的英文是 read newspaper,图片 C 上是一个女的在看报纸。正确答案是 C。

18. 女的和男的正在谈论跳舞的事情。"跳舞"是 dance,图片 B 上一个男的和一个女的正在跳舞。正确答案是 B。

19. 男的在问女的手表的价格。"手表"是 watch，图片 E 上是一块手表。正确答案是 E。

20. 女的打算坐出租车去机场。"坐出租车"的英文是 by taxi，图片 A 上有一个女的坐在出租车里。正确答案是 A。

第三部分

21. 男的问女的考试的时间，女的说是 4 月 10 日。英文是：April 10。正确答案是 A。

22. 女的想出去吃饭，但是男的说："今天我来做饭。"对应的英文是："I cook today."正确答案是 B。

23. 男的让女的唱个歌，女的回答："我不太会唱歌，这样吧，我给大家跳个舞。""唱歌"是 sing，"跳舞"是 dance。正确答案是 C。

24. 女的问男的为什么这么晚，男的说今天的病人很多，他"下班晚了"。正确答案是 C。

25. 男的问王老师在不在，女的说："对不起，您打错了。"对应的英文是："You dial the wrong number."也就是说，这儿没有王老师这个人。正确答案是 B。

26. 女的告诉男的小张一家来北京旅游了，男的说："晚上我们一起请他们吃饭吧。"对应的英文是："Let's invite them to dinner tonight."正确答案是 A。

27. 男的问汉语课教室在哪儿，女的回答："就在你的左手。"对应的英文是："It's right on your left."也就是说教室在男的左边。正确答案是 B。

28. 女的说想吃爸爸做的牛肉。"牛肉"是 beef。正确答案是 A。

29. 男的说:"考完试了,真高兴。"英文是:"I am so happy that the test is over."也就是说,男的很高兴,因为他考完试了。正确答案是 B。

30. 女的说:"我的手机呢?又找不到了!"男的说他帮女的找,"手机"是 mobile phone,"找"是 look for,由此可知,女的正在找她的手机。正确答案是 C。

第四部分

31. 女的说电影七点开始,现在是六点半,男的说"那我们坐汽车去吧","坐汽车"是 by bus,由此可知,他们准备坐汽车去电影院(cinema)。正确答案是 B。

32. 男的问女的一个汉字是什么意思,女的也不知道,她说他们可以"在电脑上找找",对应的英文是:"Let's look for on the computer."由此可知,他们准备看电脑。正确答案是 A。

33. 女的问男的想喝什么,男的说:"你们这儿有咖啡吗?"对应的英文是:"Do you have coffee?"由此可知,男的想喝咖啡。正确答案是 C。

34. 男的问女的明天天气怎么样,女的说:"手机上说是晴天。""晴天"是 sunshine。正确答案是 B。

35. 女的说她在机场碰到了男的爸爸,问男的他爸爸是不是去旅游,男的说:"不是,他去北京看我哥哥。"英文是:"No, he goes to Beijing to visit my brother."由此可知,他的爸爸不是等男的哥哥,而是要去北京看男的哥哥。正确答案是 C。

二、阅 读

第一部分

36. 文本是:"这是我送你的手机,生日快乐!""手机"是 mobile phone,图片 F 是一个手机。正确答案是 F。

37. 文本是:"你先别穿,新衣服要洗洗再穿。""洗"是 wash,图片 C 上是一台洗衣机。正确答案是 C。

38. 文本是:"您慢走,欢迎下次再来。"对应的英文是:"Take your way and welcome your next visit."这个句子一般是服务员说的,图片 E 上是一个站着的女服务员。正确答案是 E。

39. 文本是:"公司离家不远,我天天走路上班。""走路上班"的英文是 go to work on foot,图片 B 上是一个男的正在走路上班。正确答案是 B。

40. 文本是:"别找了,药不是在桌子上吗?""药"是 medicine,图片 A 上是一些药片。正确答案是 A。

第二部分

41. "坐(   )去旅游是便宜,但是时间太长了。"动词"坐"后面需要一个表示交通工具的名词,"船"是交通工具,也是一个名词。正确答案是 F。

42. "外面天(   )了,可能要下雨了。"括号里需要填入一个形容词或动词作句子的谓语,从"可能要下雨了"可以知道现在天"阴"了。正确答案是 A。

43. "还有十分钟,(   )右边的小路走可以快些。"括号里需要填入一个介词和"右边的小路"组成一个介词短语,"从"是一个介词。正确答案是 C。

44. "我姐姐的女儿两岁了，会说很多话，（　　）好玩儿。"括号里可以用一个副词来修饰"好玩儿"。"非常"是副词，表示程度很深。正确答案是 D。

45. 女的说："老师的意思你懂吗？"男的说："我也不（　　）。""也"说明男的也不懂老师的意思，括号里需要填入一个和"懂"的意思相近的词，"知道"最合适。正确答案是 B。

第三部分

46. 文本是："我比姐姐小两岁，但是比姐姐高"。说明我高，姐姐矮。正确答案是"×"。

47. 文本是："对不起，不能和你踢球了。明天有考试，我想好好准备准备。"说明男的不去踢球。正确答案是"×"。

48. 文本是："这件衣服是朋友送我的，不大不小，颜色也是我喜欢的白色。""不大不小"的意思是正合适。正确答案是"√"。

49. 文本是："我现在喜欢在电脑上买飞机票，因为有时能找到非常便宜的机票。"说明在电脑上能买到便宜机票。正确答案是"√"。

50. 文本是："跑完了步大家都很想喝水，但是这样对身体不好，应该休息三十分钟后再喝水。"说明跑完步以后不要立即喝水。正确答案是"×"。

第四部分

51. 文本是："请问，常医生在家吗？"说话人很可能在打电话，和它对应的句子可能和打电话有关。正确答案是 D。

52. 文本是："这件事我早就知道了！"和它对应的句子应该和知不知道有关，"你没想到吧，他准备出国学习了！""你没想到吧"是问话人觉得听话人不知道这件事。正确答案是 F。

53. 文本是:"那个高高的在打手机的人是谁?"和它对应的句子应该回答他是谁。正确答案是 A。

54. 文本是:"坐了这么长时间的火车,真累啊。""你休息一下我们再去吃饭"是别人觉得说话人很累,让他休息一会儿。正确答案是 C。

55. 文本是:"颜色不太好,看上去不怎么新。"由此可知,说话人在说一个东西不好,和它对应的句子应该是问一个东西怎么样。正确答案是 B。

56. 文本是:"这么多菜,真的不能再要了。"对应的句子应该和要不要东西有关。正确答案是 C。

57. 文本是:"那本书你看完了吗?"和它对应的句子应该和看没看完书有关,回答是:"没时间看。"也就是说说话人还没看完。正确答案是 D。

58. 文本是:"妈,我晚上要去机场接朋友。"说话人在和妈妈说话,和它对应的句子应该和妈妈对这件事情的回答有关。正确答案是 A。

59. 文本是:"报纸上说明天天晴了,不下雪了。"和它对应的句子应该和晴天可以做的事情有关。正确答案是 E。

60. 文本是:"没关系,我给你打电话,你听听。""你听听"是让听话人听声音,和它对应的句子应该和电话有关。"我的手机呢?怎么找不到了?"因为这个人找不到手机,所以他的朋友打他的手机,声音响了,他就知道手机在哪儿了。正确答案是 B。

HSK（二级）全真模拟试题（第9套）题解

一、听　力

第一部分

1. 听力文本是："介绍一下，这是我的妻子。""妻子"的英文是 wife，图片上是一个女的。正确答案是"√"。

2. 听力文本是："机场外面有很多出租车。"这句话的英文是："There are a lot of taxis outside the airport."图片上是机场里面，也没有出租车。正确答案是"×"。

3. 听力文本是："小鱼是生日时姐姐送我的。""小鱼"的英文是 tiddler，图片上有小鱼。正确答案是"√"。

4. 听力文本是："八点了，她还没起床。""她还没起床"的英文是："She didn't get up yet."图片上是一个女的正在睡觉，她还没起床。正确答案是"√"。

5. 听力文本是："今天是晴天，我想出去走一走。""晴天"的英文是 sunshine，图片上是雨天。正确答案是"×"。

6. 听力文本是："你的电脑怎么了？我帮你看看。"这句话的英文是："What's wrong with your computer? Let me take a look."图片上是一个女的正在帮一个男的看电脑。正确答案是"√"。

7. 听力文本是："服务员，我要一杯咖啡。""咖啡"的英文是 coffee，图片上是很多水果，不是咖啡。正确答案是"×"。

8. 听力文本是："先去洗手，洗完手再吃饭。""洗手"的英义是 wash，图片上是一个小女孩儿在洗手。正确答案是"√"。

9. 听力文本是："从这儿向前走十分钟就到了。"这句话的英文是："Go straight ahead about ten minutes. It's right there."这句话常常是问路的时候说。图片上是一个女的在买东西，不是在问路。正确答案是"×"。

10. 听力文本是："医生，我是不是可以出院了？"这句话的英文是："Doctor, can I leave the hospital?"图片上有病人和医生，他们在说话。正确答案是"√"。

第二部分

11. 男的通过看电视知道明天要下雨。图片 C 上是一个男的在看电视。正确答案是 C。

12. 女的问："你有什么问题？"男的回答："老师，这个字我不懂。""老师，这个字我不懂"的英文是："Teacher, I don't understand this word."图片 B 上有一个学生在举手向老师问问题。正确答案是 B。

13. 男的问女的鸡蛋的价格。"鸡蛋"的英文是 egg，图片 F 上有很多鸡蛋。正确答案是 F。

14. 女的说："你唱得真好听。"男的说："谢谢，你唱得也不错。""唱"的英文是 sing，图片 A 上是男的和女的在唱歌。正确答案是 A。

15. 男的想晚上出去吃饭。女的回答："我已经在准备饭菜了。""我已经在准备饭菜了"的英文是："I have already begun to cook."图片 E 上是一个人在做菜。正确答案是 E。

16. "我妻子说她今天就从北京回来了"的英文是："My wife says she will come back from Beijing today."图片 D 上是一个看起来很高兴的男人。正确答案是 D。

17. 女的说小明在教室看书。"看书"的英文是 read a book，图片 E 上是一个小男孩儿在看书。正确答案是 E。

18. "再见"的英文是 bye，图片 B 上是一个女的在和男的告别。正确答案是 B。

19. 男的问女的是不是第一次来北京旅游。北京最有名的旅游的地方就是"长城（the Great Wall）"，图片 A 上是长城，去北京旅游的人都喜欢去那儿。正确答案是 A。

20. 对话中提到了自行车。"自行车"的英文是 bike，图片 C 上有一辆自行车。正确答案是 C。

第三部分

21. 男的想和女的去跑步，女的说她想去，但是她要准备考试。由此可知，女的意思是她要准备考试，所以不能去。正确答案是 A。

22. 女的让男的不要看电脑了，男的就说那他帮女的洗菜吧。由此可知，男的准备洗菜。正确答案是 A。

23. 男的问女的她哥哥什么时候回来，女的说她哥哥明天回来。选项 C"下星期"是走的时间。正确答案是 A。

24. 女的问男的为什么没有去看电影，男的说票卖完了，所以他去了旁边的书店。由此可知，男的没去看电影是因为没有票。正确答案是 B。

25. 男的问女的这家饭店怎么样，女的说菜很好吃，服务也还可以。也就是说，女的觉得这家饭店的菜和服务都不错。正确答案是 C。

26. 女的说这些椅子我们会送到您家里的，男的让她到了就打这个电话。也就是说，男的现在在家里等女的送椅子来。正确答案是 B。

27. 男的问女的，她看上去很累，是不是生病了。女的说她昨晚和朋友去唱歌了，没睡好。由此可知，女的没生病，她只是有点儿累。正确答案是 C。

28. 女的说现在的人都爱看电脑，男的说他还是喜欢看报纸，因为对眼睛好。由此可知，男的爱看报纸。正确答案是 B。

29. 男的问外面的天气冷不冷，女的说从早上就开始下雪了。由此可知，今天的天气不太好，下雪了。正确答案是 A。

30. 文中提到"晚上六点"和"五点半"两个时间，"晚上六点"是女的在咖啡店门口等男的时间，"五点半"是男的下班的时间。正确答案是 B。

第四部分

31. 女的问男的这本书还有没有新的，男的说只有这一本了。女的又问那边是不是有新的，男的说那边是小孩子的书。由此可知，他们很可能在书店。正确答案是 A。

32. 男的说去吃点儿东西，女的说去公司旁边那家咖啡店吃，走着去。由此可知他们要走路去吃饭。正确答案是 B。

33. 女的问男的今年的课怎么这么少，男的告诉她自己在一家公司找到工作了，但是公司很远，所以上课少了。由此可知，男的上的课很少，是因为他现在有工作了。正确答案是 C。

34. 男的告诉女的火车来了，让女的赶快上车，女的说："谢谢，谢谢！欢迎再来北京旅游！"由此可知，男的在火车站送朋友。正确答案是 B。

35. 女的问男的他的表是什么时候买的，男的告诉她这是生日那天爸爸送的。由此可知，男的爸爸送了他一块手表。正确答案是 A。

二、阅 读

第一部分

36. 文本是:"我妹妹五岁了,非常喜欢跳舞。""妹妹"的英文是 sister,"跳舞"的英文是 dance,图片 E 上是一个小女孩儿在跳舞。正确答案是 C。

37. 文本是:"元先生的房间?向前走五分钟就到了。"这句话的英文是:"Are you looking for Mr. Yuan's room? Go straight a head about five minutes. Then it's right there."图片 B 上是一个女的在跟一个男的说话,她可能在告诉他怎么去元先生的房间。正确答案是 B。

38. 文本是:"你新买的红色手机真漂亮。""手机"的英文是 mobile phone,图片 F 上是一个手机。正确答案是 F。

39. 文本是:"这是我第一次坐船旅游,我觉得很好玩儿。""坐船"的英文是 by ship,图片 A 上是一个男的正在船上。正确答案是 A。

40. 文本是:"小姐,您看看,喜欢什么菜?"这句话的英文是:"Hello, Miss, which do you prefer?"这常常是在饭店里点菜时说的话。图片 E 上是一个女的在点菜,旁边站着一个男服务员,问她喜欢什么菜。正确答案是 E。

第二部分

41. "他没有太多的钱,但是他每天都很( )。""很"后边可以是形容词或心理动词。"快乐"是形容词,可以放在这里,组成"很快乐"。正确答案是 F。

42. "这几天太忙了,忙得都没有时间看( )了。"动词"看"后可以加名词或形容词,"看"后加形容词表示看的结果,加名词表示看的东西。"报纸"是个名词,可以放在这里,组成"看报纸"。正确答案是 A。

43. "妹妹笑着( )我说:'哥哥,我生日的时候你送我什么?'""我"是

"说"的对象，前面要有一个介词。"对"是一个介词，可以放到这里，组成"对我说"。正确答案是 B。

44. "我觉得这个汉字你写得（　　）漂亮。"在汉语的"动词＋得＋形容词"短语中，形容词前只能加上副词。"最"是一个程度副词，可以放到这里，组成"最漂亮"。正确答案是 C。

45. "衣服（　　）了几天了"，括号后是动态助词"了"，括号里应该是一个和"衣服"搭配的动词。"穿"是一个动词，可以放到这里，组成"衣服穿了几天"。正确答案是 D。

第三部分

46. 文本是："儿子是第一次和同学去旅游"。也就是说，儿子是准备去旅游，不是去同学家。正确答案是"×"。

47. 文本是："那个高高的漂亮女孩儿是我的好朋友，她是张老师的女儿。"那个女孩子是说话人的好朋友，说话人认识那个女孩子。正确答案是"×"。

48. 文本是："我家的小猫喜欢吃鱼，还喜欢喝牛奶。"也就是说，小猫喜欢喝牛奶，文中没有提到小猫是否喜欢喝水。正确答案是"×"。

49. 文本是："我真的很高兴和你们一起工作。"也就是说，说话人很喜欢和大家一起工作。正确答案是"√"。

50. 文本是："我想买一张白色的电脑桌，但是去了很多商店，都没有找到我喜欢的。"也就是说，我还没有买到喜欢的电脑桌。正确答案是"√"。

第四部分

51. 文本是："我请你去吃一次，你就知道了。"和它对应的句子应该和吃饭有关。"这家饭馆儿的菜怎么样？"是问话人问菜的质量和口味，所以听话人告诉他，请他去吃一次就知道怎么样了。正确答案是 C。

52. 文本是:"请问,高医生在家吗?"和它对应的句子可能和接电话、打电话有关。"请等一下,我让他来听电话。"是听话人告诉他,自己不是高医生,现在去叫高医生。正确答案是D。

53. 文本是:"走了这么长时间,怎么还没到?"说话人可能要去某个地方,但是走了很长时间都没到,对此产生了疑问。和它对应的应该是"问一问"。正确答案是A。

54. 文本是:"因为你准备得非常好。"说话人说的是原因,和它对应的句子应该和"准备得非常好"带来的结果有关。"这次考试我考得很好"就是准备得非常好的结果。正确答案是B。

55. 文本是:"电视上已经说了,明天还有雨。"和它对应的句子应该和天气有关。"真希望明天是个晴天"是听话人听说明天还有雨,觉得不舒服,希望明天天晴。正确答案是F。

56. 文本是:"老王生病了,我们去看看他吧。"和它对应的句子应该和去看望病人的事情有关。"那我们买点儿水果再去吧"是听话人觉得看病人时,应该买点儿水果比较好。正确答案是C。

57. 文本是:"欢迎欢迎,别站在门外,快请进!"也就是说,有客人来了,和它对应的句子可能和介绍客人有关。"妈,我介绍一下,这是小天!"是说话人在向自己妈妈介绍小天,妈妈叫小天快进门。正确答案是A。

58. 文本是:"快吃吧,坐出租车到机场要四十分钟呢。"和它对应的句子应该和时间有关。"没关系,还有三个小时呢"是听话人觉得去飞机场的时间还多,不着急。正确答案是E。

59. 文本是:"你看过了,觉得怎么样?"和它对应的句子应该和看过的东西好不好有关。"这是我看过的最好看的电影了"是听话人告诉问话人,这个电影非常好。正确答案是D。

60. 文本是:"我打得不多,三十块吧。"和它对应的句子应该和钱有关,或者和打电话、打手机有关。正确答案是B。

HSK(二级)全真模拟试题(第10套)题解

一、听 力

第一部分

1. 听力文本是:"我丈夫每天都跑步去公司。""丈夫"的英文是 husband,跑步是 run,图片上是一个男的正在跑步。正确答案是"√"。

2. 听力文本是:"大家都在考试,没人说话。""考试"的英文是 exam,图片上是许多学生在考试。正确答案是"√"。

3. 听力文本是:"天太热了,孩子们在玩儿水。""玩儿水"的英文是 dabble,图片上是两个小孩儿在水里玩儿。正确答案是"√"。

4. 听力文本是:"今天早上的报纸还没买呢。"这句话的英文是:"I didn't buy the newspaper this morning."图片上是一个男的在看报纸,说明他已经买了报纸。正确答案是"×"。

5. 听力文本是:"他游泳游得累了,现在在旁边休息呢。"这句话的的英文是:"He is tired of swimming and taking a rest now."图片上是一个人正在游泳,而不是在休息。正确答案是"×"。

6. 听力文本是:"菜冷了就不好吃了,快吃吧。""吃"的英文是 eat,图片上是几个人正在吃饭。正确答案是"√"。

7. 听力文本是:"这药对身体好,一天两次。""药"的英文是 medicine,图片上是一些药。正确答案是"√"。

8. 听力文本是:"手机在我房间的桌子上。""手机"的英文是 cellphone,图片上是一块手表。正确答案是"×"。

9. 听力文本是:"先生,能问您一个问题吗?"这句话的英文是:"Sir, can I ask you a question?"图片上是一个女的在问男的问题。正确答案是"√"。

10. 听力文本是:"向左边一点儿,对对,好了!"这句话的英文是:"Move a

little to the left. All right!"这句话常常在给别人照相（take picture）的时候说。图片上是一个女的在给别人照相。正确答案是"√"。

第二部分

11. 通过对话可知，女的新年和爸妈去旅游。"旅游"的英文是 travel，图片 B 上是孩子和爸爸妈妈在旅游。正确答案是 B。

12. 男的告诉女的，汽车不到是因为下雪的时候汽车开得慢。"下雪"的英文是 snow，图片 E 上下雪了。正确答案是 E。

13. "病"的英文是 illness，"我听听，她已经好多了"的英文是："Let me take a listen. She is better now." 这是医生在给病人看病。图片 F 是医生正在给孩子看病。正确答案是 F。

14. "这里面是什么"的英文是："What's in it?" 也就是说，女的看不到里面是什么东西。图片 A 是女的拿着一份没有打开的礼物。正确答案是 A。

15. 男的问："这个词的意思你懂吗？"女的回答："这课还没学呢，我也不懂。""这个词的意思你懂吗"的英文是："Do you understand this word?" 图片 C 是一个男的看着书在问女的懂不懂。正确答案是 C。

16. 通过对话可知，男的身体好是因为他每天走路上班。"走路"的英文是 walk，图片 D 是一个男的正在走路。正确答案是 D。

17. 通过对话可知，女的不高兴是因为她家的小猫跑出去了。"不高兴"的英文是 unhappy，图片 C 是一个女的，她看上去有些不高兴。正确答案是 C。

18. 通过对话可知，男的和女的在通过电脑选房间。"看电脑"的英文是 look at computer，图片 A 是男的和女的在看电脑。正确答案是 A。

19. 通过对话可知，女的饭后不想吃水果，只想喝茶。"喝茶"的英文是 drink some tea，图片 E 上有一杯茶。正确答案是 E。

20. 女的问："书真得太多了！"男的回答："你给我吧，我来帮你。"图片 B 上有很多书。正确答案是 B。

第三部分

21. 男的谢谢女的送他杯子,还说他很喜欢。由此可知,女的送了男的一个杯子。正确答案是 C。

22. 女的让男的快起床,男的告诉她,今天学校不上课。也就是说,男的不是不想上课,是因为学校今天不上课,可以休息。正确答案是 B。

23. 男的问女的,那个穿红衣服的是不是她姐姐,女的告诉他那个人是她的同学。由此可知,那个人是女的同学。正确答案是 C。

24. 女的问男的下班了走不走,男的说自己还有些事,做完了再回去。由此可知,男的不走,是因为他还有些事没做完。正确答案是 A。

25. 男的问女的怎么来的,女的说自己是坐火车来的,七个小时就到了。由此可知,女的坐了七个小时的火车。正确答案是 B。

26. 女的问服务员他们的菜为什么还没有来。对话中提到"服务员"、"菜",由此可知,他们很可能在饭店。正确答案是 A。

27. 男的说他今天在路上看见老关了,女的说老关上星期就出国看儿子去了。由此可知,老关出国了,男的看到的人不是老关,他可能看错人了。正确答案是 A。

28. 女的让男的别告诉她,男的说他不可能告诉女的,因为他也不知道。正确答案是 C。

29. 男的问为什么这么冷,女的告诉他是他穿得太少了,女的觉得今天比昨天还热一点儿。由此可知,今天比昨天热。正确答案是 C。

30. 女的问男的车能不能开,男的告诉她车有问题,建议女的坐车去公司。由此可知,男的让女的坐车上班。正确答案是 B。

第四部分

31. 女的让男的坐着,她去做饭,男的说他来帮女的,也就是帮她做饭。正确答案是 C。

32. 女的觉得这个房子离男的公司太远了,男的说离女的学校近。由此可知,这个房子离女的学校近。正确答案是 A。

33. 女的让男的生日的时候送她一只猫,男的说还是送小鱼吧,因为女的家里的小狗可能不喜欢猫。由此可知,男的想送女的小鱼。正确答案是 B。

34. 男的问女的她家儿子星期几上唱歌课,由此可知,女的儿子在学习唱歌。正确答案是 A。

35. 女的问男的这件怎么样,男的觉得这件颜色最好,红色让人觉得快乐。由此可知,男的最喜欢红色。正确答案是 A。

二、阅 读

第一部分

36. 文本是："他身体不太好，现在住院了。""住院"的英文是 be in hospital，图片 E 是一个男的在医院里。正确答案是 E。

37. 文本是："你跳得太漂亮了，再给大家跳一个吧。""跳"的英文是 dance，图片 B 是一个女孩儿正在跳舞。正确答案是 B。

38. 文本是："准备好了吗？我说一二三，大家一起笑一个。"这句话的意思是："Ready now? One, two, three, cheers!"这句话是照相时常常说的话，图片 A 上是几个人在一起用手机拍照。正确答案是 A。

39. 文本是："大京出租车公司的电话是五二三四七八零。"这句话的英文是："Dajing Taxi Company's telephone number is：5234780."这可能是有人问 114 查号后，查大京出租车公司的电话。图片 C 上是一个女的在接电话。正确答案是 C。

40. 文本是："她喜欢去足球场看儿子踢足球。""足球场"的英文是 football field，图片 F 上是一个人在足球场边看踢足球。正确答案是 F。

第二部分

41. "你的（　　）我现在还不能回答你。""你的"后边一般是名词，常和"回答"搭配的是"问题"。"问题"是名词，可以放在这里，组成"你的问题"。正确答案是 A。

42. "这张桌子的颜色（　　）漂亮，我非常喜欢。"括号在名词"颜色"和形容词"漂亮"中间，可以是副词或者动词。"真"可以作副词，意思是"很、非常"，可以放在这里，组成"颜色真漂亮"。正确答案是 D。

43. "我们公司离你们学校很近，就在（　　）。""在"的后面常常是表示地点或位置的名词。"旁边"是表示位置的名词，可以放在这里，组成"就在它旁边"。正确答案是 F。

44. "昨天和朋友踢了一天的足球，今天觉得很（　　）。""很"后边可以是形容词或心理动词。和朋友踢了一天足球，今天一定很累，"累"是形容词，可以放在这里,组成"很累"。正确答案是C。

45. 女的说:"明天就要考试了,你(　　)了吗?"男的说:"书都看完了,没问题!""了"是一个动态助词,前面是动词。明天要考试,所以女的想问男的准备了没有。"准备"是动词,可以放在这里,组成"你准备了吗"。正确答案是B。

第三部分

46. 文本是:"因为我学的是电脑,所以我想到你们公司工作。"由此可知,说话人在找工作。正确答案是"√"。

47. 文本是:"星期天女朋友来我家了,她非常喜欢吃我妈妈做的菜。"也就是说,女朋友来过我家,我妈妈已经见过她了。正确答案是"×"。

48. 文本是:"丈夫的生日快到了,我想送他一块新手表。"由此可知,说话人想送丈夫一些东西。正确答案是"√"。

49. 文本是:"他是2010年来中国的,现在已经学习了两年的汉语了。"由此可知,2010年再加两年是2012年。正确答案是"√"。

50. 文本是:"医院想让她去北京学习一年,但是她孩子不想让她去。"由此可知,她的孩子不想让她去北京,不是她不想让孩子去北京。正确答案是"×"。

第四部分

51. 文本是:"没关系,我们现在进去吧。"和"没关系"对应的句子常常是"对不起"。"对不起,让你等这么长时间"是合适的句子。正确答案是C。

52. 文本是:"新年的时候买的,比别的时候便宜。"和它对应的句子应该和价格有关。"这个电脑很贵吧"就是说话人在问价格,听话人告诉他新年时买的,所以便宜点儿。正确答案是A。

53. 文本是:"我想问问他考试的时间。"和它对应的句子应该和找人做事有关。"你找高老师有什么事吗"是说话人在问有什么事,听话人说想找高老师问考试时间。正确答案是D。

54. 文本是:"你觉得新学校怎么样?"和它对应的句子应该和"学校"好不好有关。"学校不太大,但是同学们对我很好"是听话人告诉问话人,学校很好。正确答案是 B。

55. 文本是:"怎么今天没准备饭菜?"和它对应的句子应该和为什么没准备饭菜有关。"今天你生日,我请你到外面去吃"是听话人告诉问话人,今天是他生日,所以到外面吃,没在家准备饭菜。正确答案是 F。

56. 文本是:"早饭已经准备好了,吃了再去吧。"和它对应的句子应该和吃不吃早饭以及去某个地方有关。"快八点了,我要去学校了"的意思是因为要去学校,没时间吃早饭。正确答案是 C。

57. 文本是:"你是不是想要买新房子了?"和它对应的句子通常以"是"、"不是"开头。正确答案是 B。

58. 文本是:"我家离这儿不远,我走路回去就可以了。"和它对应的句子应该和回去有关。"下雨了,我开车送你回去吧"说话人是告诉听话人,因为下雨,想送他回家,听话人说他想走路回去。正确答案是 E。

59. 文本是:"很长时间没去看爸爸妈妈了。"和它对应的句子应该和去看爸妈有关。"下了班我去公司找你,我们一起去"的意思是说想一起去看爸妈。正确答案是 D。

60. 文本是:"书到了我们就打电话给您。"和它对应的句子应该和打电话有关。"这是我家里的电话"意思是把家里电话告诉对方,这样,对方就可以打电话给他了。正确答案是 A。

北大版新HSK应试辅导丛书

Papers with Solutions

SAMPLE TEST FOR 走进

NEW HSK

新 汉语水平考试
全真模拟试题及题解

夏小芸　沈灿淑　吴遥遥　刘影　编著

北京大学出版社
PEKING UNIVERSITY PRESS

图书在版编目(CIP)数据

走进 NEW HSK：新汉语水平考试全真模拟试题及题解. 二级/夏小芸等编著. —北京：北京大学出版社，2013.5
（北大版新 HSK 应试辅导丛书）
ISBN 978-7-301-21897-6

Ⅰ. ①走… Ⅱ. ①夏… Ⅲ. ①汉语—对外汉语教学—水平考试—题解 Ⅳ. ①H195-44

中国版本图书馆 CIP 数据核字（2012）第 316334 号

书　　名：走进 NEW HSK：新汉语水平考试全真模拟试题及题解　二级
著作责任者：夏小芸　沈灿淑　吴遥遥　刘　影　编著
责任编辑：任　蕾
标准书号：ISBN 978-7-301-21897-6/H·3224
出版发行：北京大学出版社
地　　址：北京市海淀区成府路 205 号　100871
网　　址：http://www.pup.cn　新浪官方微博：@北京大学出版社
电子信箱：zpup@pup.pku.edu.cn
电　　话：邮购部 62752015　发行部 62750672　出版部 62754962
　　　　　编辑部 62754144
印　刷　者：三河市博文印刷厂
经　销　者：新华书店
　　　　　787 毫米×1092 毫米　16 开本　21.25 印张　320 千字
　　　　　2013 年 5 月第 1 版　2013 年 5 月第 1 次印刷
定　　价：62.00 元（附 MP3 盘 1 张）

未经许可，不得以任何方式复制或抄袭本书之部分或全部内容。
版权所有，侵权必究
举报电话：010－62752024　电子信箱：fd@pup.pku.edu.cn

出版说明

由国家汉办组织研发的新汉语水平考试(HSK)是一项国际汉语能力标准化考试,自2009年在全球开始推广以来,受到各国汉语学习者的普遍欢迎。

然而,与原HSK比较,新HSK在设计理念与测试目的等方面都有很大不同。新HSK强调"考教结合""以考促教""以考促学",注重以鼓励策略促使考生汉语能力的发展。

在等级设置与题目设计上,新HSK也与原HSK有明显差异。新HSK设置了笔试6个等级和口试3个等级,扩大了考试的覆盖面;在题目设计上更强调测试考生的实际语言运用能力,而非语言知识的掌握程度。

面对新的测试理念和新的题型,很多辅导教师,特别是习惯于原HSK以语言知识解析的方式讲解考题的教师,往往觉得新HSK辅导无从下手,新的题型无从讲起。同时,很多考生因不了解新HSK的题型特点,往往不知如何复习备考。

北京大学出版社自新HSK推出以来,始终关注并全力支持新HSK的发展,对新HSK的测试理论与实践进行了较为深入的研究与探讨,并在此基础上,组织新HSK研究者和一线教师研发出版了一系列的仿真模拟试卷和应试辅导教材,为辅导教师和广大考生提供了有益的帮助。

本次出版的这套《走进NEW HSK:新汉语水平考试全真模拟试题及题解》共计9册:一级、二级和三级各1册,每册包括10套全真模拟试卷;四级、五级和六级各两册,每册包括5套全真模拟试卷。这套模拟试题主要有两大特点:其一是仿真程度高,严格遵循考试大纲并参照官方公布的考试真题设计;其二是题解注重实效,强调语言知识、应试技巧与答题思路的结合,从而为教师的辅导提供参考,更为考生复习备考指引门径。通过本套试题,考生不仅可以有效测试出现有水平,更能够提高汉语运用能力,并掌握复习备考的方法及应试策略。

北京大学出版社
汉语及语言学编辑部

新汉语水平考试
HSK（二级）
全真模拟试题
（第1套）

注　意

一、HSK（二级）分两部分：

　　1. 听力（35题，约25分钟）

　　2. 阅读（25题，22分钟）

二、听力结束后，有**3分钟**填写答题卡。

三、全部考试约**55分钟**（含考生填写个人信息时间5分钟）。

中国　北京　　　　　　　××××/×××××× 　编制

一、听 力

第 一 部 分

第 1-10 题

例如：	(image: three people)	✓
	(image: bicycle)	✗
1.	(image: roasted chicken)	
2.	(image: two people)	
3.	(image: woman with basketball)	
4.	(image: rain cloud and umbrella)	
5.	(image: man drinking)	

6.		
7.		
8.		
9.		
10.		

第二部分

第 11-15 题

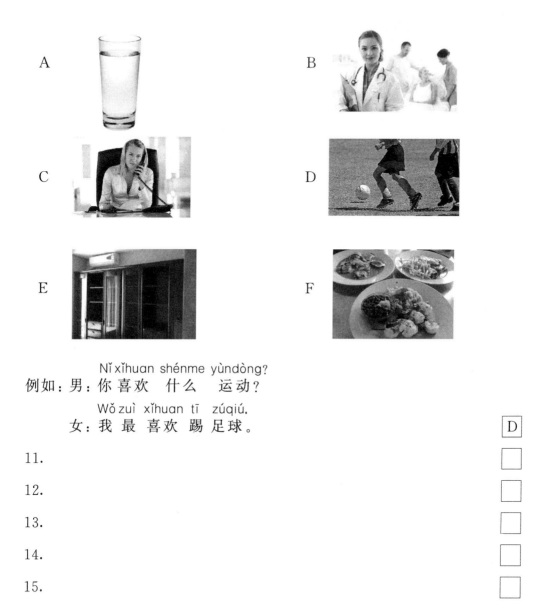

例如：男：Nǐ xǐhuan shénme yùndòng?
　　　　你喜欢 什么 运动？
　　　女：Wǒ zuì xǐhuan tī zúqiú.
　　　　我 最 喜欢 踢 足球。　　　　　D

11.
12.
13.
14.
15.

第 16-20 题

A

B

C

D

E

16. ☐

17. ☐

18. ☐

19. ☐

20. ☐

— 4 —

第 三 部 分

第 21-30 题

例如：男： Xiǎo Wáng, zhèli yǒu jǐ ge bēizi, nǎ ge shì nǐ de?
小 王，这里 有 几 个 杯子，哪 个 是 你 的？

女： Zuǒbian nà ge hóngsè de shì wǒ de.
左边 那 个 红色 的 是 我 的。

问： Xiǎo Wáng de bēizi shì shénme yánsè de?
小 王 的 杯子 是 什么 颜色 的？

    A 红色 hóngsè ✓   B 黑色 hēisè   C 白色 báisè

21. A 左边 zuǒbian   B 中间 zhōngjiān   C 右边 yòubian

22. A 唱歌 chàng gē   B 游泳 yóu yǒng   C 跳舞 tiào wǔ

23. A 很漂亮 hěn piàoliang   B 很便宜 hěn piányi   C 太贵了 tài guì le

24. A 中午 zhōngwǔ   B 下午 xiàwǔ   C 早上 zǎoshang

25. A 姐姐 jiějie   B 妹妹 mèimei   C 女朋友 nǚpéngyou

26. A 茶 chá   B 咖啡 kāfēi   C 牛奶 niúnǎi

27. A 两点 liǎng diǎn   B 两点十分 liǎng diǎn shí fēn   C 一点五十 yì diǎn wǔshí

28. A 累了 lèi le   B 生病了 shēng bìng le   C 生气了 shēng qì le

29. A 教室 jiàoshì   B 医院 yīyuàn   C 火车站 huǒchēzhàn

30. A 八月十三号 bāyuè shísān hào   B 八月十五号 bāyuè shíwǔ hào   C 五月十八号 wǔyuè shíbā hào

第 四 部 分

第 31-35 题

例如：女：Qǐng zài zhèr xiě nín de míngzi.
请 在 这儿 写 您 的 名字。

男：Shì zhèr ma?
是 这儿 吗？

女：Bú shì, shì zhèr.
不 是，是 这儿。

男：Hǎo, xièxie.
好，谢谢。

问：Nán de yào xiě shénme?
男 的 要 写 什么？

A 名字 míngzi ✓   B 时间 shíjiān   C 房间 号 fángjiān hào

31. A 牛肉 niúròu   B 羊肉 yángròu   C 鸡蛋 jīdàn

32. A 自行车 zìxíngchē   B 出租车 chūzūchē   C 公共 汽车 gōnggòng qìchē

33. A 红 的 hóng de   B 黑 的 hēi de   C 白 的 bái de

34. A 丈夫 买 的 zhàngfu mǎi de   B 朋友 送 的 péngyou sòng de   C 女儿 送 的 nǚ'ér sòng de

35. A 工作 gōngzuò   B 快乐 kuàilè   C 爱他 ài tā

二、阅 读

第一部分

第 36-40 题

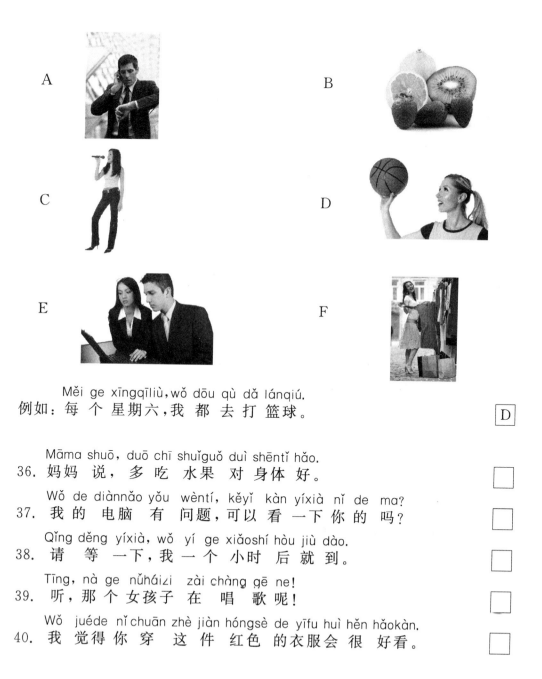

例如：Měi ge xīngqīliù, wǒ dōu qù dǎ lánqiú.
每 个 星 期 六，我 都 去 打 篮 球。　　D

36. Māma shuō, duō chī shuǐguǒ duì shēntǐ hǎo.
妈妈 说，多 吃 水果 对 身体 好。

37. Wǒ de diànnǎo yǒu wèntí, kěyǐ kàn yíxià nǐ de ma?
我 的 电脑 有 问题，可以 看 一下 你 的 吗？

38. Qǐng děng yíxià, wǒ yí ge xiǎoshí hòu jiù dào.
请 等 一下，我 一 个 小时 后 就 到。

39. Tīng, nà ge nǚháizi zài chàng gē ne!
听，那 个 女孩子 在 唱 歌 呢！

40. Wǒ juéde nǐ chuān zhè jiàn hóngsè de yīfu huì hěn hǎokàn.
我 觉得 你 穿 这 件 红色 的 衣服 会 很 好看。

第二部分

第 41-45 题

A 医院　　B 认识　　C 比　　D 块　　E 贵　　F 同学

例如：这儿的羊肉很好吃，但是也很（ E ）。

41. 他觉得今天（　）昨天冷很多。

42. 我来介绍一下，这是我的（　）张明。

43. 这本书很便宜，就卖十（　）钱。

44. 我（　）他，他是李老师的儿子。

45. 你今天身体不太好，快去（　）看看吧。

第三部分

第 46-50 题

例如：
Xiànzài shì diǎn fēn, tāmen yǐjīng yóule fēnzhōng le.
现在 是 11 点 30 分，他们 已经 游了 20 分 钟 了。

Tāmen diǎn fēn kāishǐ yóu yǒng.
★ 他们 11 点 10 分 开始 游 泳。　　　　　　　　　　（ ✓ ）

Wǒ huì tiào wǔ, dàn tiào de bù zěnmeyàng.
我 会 跳 舞，但 跳 得 不 怎么样。

Wǒ tiào de fēicháng hǎo.
★ 我 跳 得 非常 好。　　　　　　　　　　　　　　（ ✗ ）

Gēge èrshíwǔ suì, dìdi èrshí suì.
46. 哥哥 二十五 岁，弟弟 二十 岁。

Gēge bǐ dìdi dà wǔ suì.
★ 哥哥 比 弟弟 大 五 岁。　　　　　　　　　　　　（　）

Jǐ tiān méi yùndòng le, wǒ xiàwǔ xiǎng qù tī zúqiú.
47. 几 天 没 运动 了，我 下午 想 去 踢 足球。

Wǒ xiànzài tīwán zúqiú le.
★ 我 现在 踢完 足球 了。　　　　　　　　　　　　（　）

Yǐjīng shíyī diǎn le, Xiǎo Lǐ hái méiyǒu qǐ chuáng ne.
48. 已经 十一 点 了，小 李 还 没有 起 床 呢。

Xiǎo Lǐ qǐ de hěn wǎn.
★ 小 李 起 得 很 晚。　　　　　　　　　　　　　　（　）

49. Lǐ míng duì měi ge rén dōu hěn hǎo, suǒyǐ méiyǒu rén bù xǐhuan tā.
    李 明 对 每 个 人 都 很 好，所以 没有 人 不 喜欢 他。

    Dàjiā dōu xǐhuan Lǐ Míng.
    ★ 大家 都 喜欢 李 明。　　　　　　　　　　　　　　（　）

50. Zuótiān wǒ méiyǒu xuéxí, dànshì jīntiān wǒ xuéle sān ge xiǎoshí.
    昨天 我 没有 学习，但是 今天 我 学了 三 个 小时。

    Jīntiān wǒ méiyǒu xuéxí.
    ★ 今天 我 没有 学习。　　　　　　　　　　　　　　（　）

第四部分

第51-55题

A 今天 晚上 他 请 女朋友 吃 饭。

B 对不起，我 来晚 了。

C 妈妈 希望 他 星期天 回去 看看。

D 他们 正在 上 课 呢。

E 他 在 哪儿 呢？你 看见 他 了 吗？

F 喂，我 到 饭馆儿 了，你 快 点儿 来 吧。

例如：他还在教室里学习。　　E

51. 小李已经一个月没回家了。

52. 她在给朋友打电话。

53. 今天是他女朋友的生日。

54. 没关系，我们现在走吧。

55. 学生们问了老师很多问题。

第 56-60 题

A　Zhè ge nǚháir zài Zhōngguó zhùle liù nián.
　　这 个 女孩儿 在 中国 住了 六 年。

B　Nǐ de jīpiào yǐjīng mǎihǎo le, gěi nǐ.
　　你 的 机票 已经 买好 了，给 你。

C　Wǒmen zài yí ge gōngsī gōngzuòguo.
　　我们 在 一 个 公司 工作过。

D　Mèimei zhè jǐ ge yuè tài lèi le.
　　妹妹 这 几 个 月 太 累 了。

E　Nà hǎo, wǒmen xiànzài jiù huíqu ba.
　　那 好，我们 现在 就 回去 吧。

56. Tā gōngzuò hěn máng, jiāli de shìqing yě hěn duō.
　　她 工作 很 忙，家里 的 事情 也 很 多。　☐

57. Tiān yīn le, yào xià yǔ le. Wǒmen huí jiā ba.
　　天 阴 了，要 下 雨 了。我们 回 家 吧。　☐

58. Zhēn shì tài xièxie nǐ le!
　　真 是 太 谢谢 你 了！　☐

59. Tā Hànyǔ shuō de zhēn hǎo!
　　她 汉语 说 得 真 好！　☐

60. Nǐ zěnme rènshi Xiǎo Zhāng de?
　　你 怎么 认识 小 张 的？　☐

新汉语水平考试
HSK（二级）
全真模拟试题
（第2套）

注　意

一、HSK（二级）分两部分：

　　1. 听力（35题，约25分钟）

　　2. 阅读（25题，22分钟）

二、听力结束后，有**3分钟**填写答题卡。

三、全部考试约**55分钟**（含考生填写个人信息时间5分钟）。

中国　北京　　　　　　　　××××/××××××　　编制

一、听 力

第 一 部 分

第 1-10 题

例如:		√
		×
1.		
2.		
3.		
4.		
5.		

6.		
7.		
8.		
9.		
10.		

第二部分

第 11-15 题

A
B
C
D
E
F

例如：男：Nǐ xǐhuan shénme yùndòng?
　　　　你 喜欢 什么 运动？

　　　女：Wǒ zuì xǐhuan tī zúqiú.
　　　　我 最 喜欢 踢 足球。　　　　D

11.
12.
13.
14.
15.

第 16-20 题

A

B

C

D

E

16. ☐

17. ☐

18. ☐

19. ☐

20. ☐

— 4 —

第 三 部 分

第 21-30 题

例如：男： Xiǎo Wáng, zhèli yǒu jǐ ge bēizi, nǎ ge shì nǐ de?
　　　　 小　王，这里 有 几 个 杯子，哪 个 是 你 的？

　　　女： Zuǒbian nà ge hóngsè de shì wǒ de.
　　　　 左边 那 个 红色 的 是 我 的。

　　　问： Xiǎo Wáng de bēizi shì shénme yánsè de?
　　　　 小　王 的 杯子 是 什么 颜色 的？

　　　A 红色 hóngsè ✓　　B 黑色 hēisè　　C 白色 báisè

21. A 看 电视 kàn diànshì　　B 打 篮球 dǎ lánqiú　　C 游 泳 yóu yǒng

22. A 妈妈 māma　　B 妹妹 mèimei　　C 姐姐 jiějie

23. A 快 kuài　　B 便宜 piányi　　C 好玩儿 hǎowánr

24. A 商店 shāngdiàn　　B 学校 xuéxiào　　C 医院 yīyuàn

25. A 运动 yùndòng　　B 休息 xiūxi　　C 看 电视 kàn diànshì

26. A 阴 yīn　　B 下 雪 xià xuě　　C 下 雨 xià yǔ

27. A 下 个 月 xià ge yuè　　B 这 个 月 zhè ge yuè　　C 明年 míngnián

28. A 苹果 píngguǒ　　B 西瓜 xīguā　　C 羊肉 yángròu

29. A 机场 jīchǎng　　B 医院 yīyuàn　　C 饭馆儿 fànguǎnr

30. A 一 个 月 yí ge yuè　　B 两 个 月 liǎng ge yuè　　C 三 个 月 sān ge yuè

第四部分

第 31-35 题

例如：女：_{Qǐng zài zhèr xiě nín de míngzi.}
请 在 这儿 写 您 的 名字。

男：_{Shì zhèr ma?}
是 这儿 吗？

女：_{Bú shì, shì zhèr.}
不 是，是 这儿。

男：_{Hǎo, xièxie.}
好，谢谢。

问：_{Nán de yào xiě shénme?}
男 的 要 写 什么？

A 名字 ✓   B 时间   C 房间 号

31. A 男的   B 女的   C 男的和女的

32. A 对 眼睛 好   B 对 工作 好   C 对 身体 好

33. A 星期天   B 明天 晚上   C 明天 下午

34. A 坐 飞机   B 坐 船   C 坐 汽车

35. A 医生   B 老师   C 服务员

二、阅 读

第一部分

第 36-40 题

Měi ge xīngqīliù, wǒ dōu qù dǎ lánqiú.
例如：每 个 星期六，我 都 去 打 篮球。 　D

Shāngdiàn li yǒu hěn duō hǎochī de shuǐguǒ.
36. 商店 里 有 很 多 好吃 的 水果。

Zhè shì wǒ sòng gěi nǐ de, xīwàng nǐ xǐhuan.
37. 这 是 我 送 给 你 的，希望 你 喜欢。

Wǒmen xuéxiào bā diǎn shàngbān, wǒ xiànzài yào zǒu le.
38. 我们 学校 八 点 上班，我 现在 要 走 了。

Bié shuōhuà, nà ge háizi zhèngzài shuì jiào ne.
39. 别 说话，那 个 孩子 正在 睡 觉 呢。

Wǒ bù dǒng de shíhou, Xiǎo Wáng chángcháng bāngzhù wǒ.
40. 我 不 懂 的 时候，小 王 常常 帮助 我。

第二部分

第41-45题

A 外 wài　　B 吧 ba　　C 从 cóng　　D 开始 kāishǐ　　E 贵 guì　　F 时候 shíhou

例如：这儿的羊肉很好吃，但是也很（ E ）。
Zhèr de yángròu hěn hǎochī, dànshì yě hěn

41. 门（　）站着一个人，你认识他吗？
Mén zhàn zhe yí ge rén, nǐ rènshi tā ma?

42. 很小的（　），她和爸爸妈妈去过一次北京。
Hěn xiǎo de, tā hé bàba māma qùguo yí cì Běijīng.

43. 洗完衣服后，妈妈就（　）做饭了。
Xǐwán yīfu hòu, māma jiù zuò fàn le.

44. 你有什么事情，快说（　）！我在听呢。
Nǐ yǒu shénme shìqing, kuài shuō ! Wǒ zài tīng ne.

45. （　）这里到公司，走路要30分钟。
zhèli dào gōngsī, zǒu lù yào fēnzhōng.

第三部分

第 46-50 题

例如：
Xiànzài shì 11 diǎn 30 fēn, tāmen yǐjīng yóule 20 fēnzhōng le.
现在 是 11 点 30 分，他们 已经 游了 20 分钟 了。

Tāmen 11 diǎn 10 fēn kāishǐ yóu yǒng.
★ 他们 11 点 10 分 开始 游 泳。　　　　　　　　　　　　（ ✓ ）

Wǒ huì tiào wǔ, dàn tiào de bù zěnmeyàng.
我 会 跳舞，但 跳 得 不 怎么样。

Wǒ tiào de fēicháng hǎo.
★ 我 跳 得 非常 好。　　　　　　　　　　　　　　　　　（ ✗ ）

46. Měi cì kànjiàn Xiǎo Zhāng, tā dōu hěn gāoxìng, qǐng wǒ chī fàn. Tā hái
每次 看见 小 张，她 都 很 高兴，请 我 吃饭。她 还
chángcháng bāngzhù wǒ.
常常 帮助 我。

Xiǎo Zhāng duì wǒ hěn hǎo.
★ 小 张 对我很好。　　　　　　　　　　　　　　　　　（ 　 ）

47. Xiǎo Lǐ, míngtiān xiàwǔ sān diǎn kǎoshì.
小李，明天 下午 三 点 考试。

Wǒ bù zhī dào míngtiān xiàwǔ kǎoshì.
★ 我 不 知道 明天 下午 考试。　　　　　　　　　　　（ 　 ）

48. Wǒ zhè ge shǒujī hǎokàn ba? Shì shàng ge xīngqī jiějie sòng gěi wǒ de.
我 这 个 手机 好看 吧？是 上 个 星期 姐姐 送 给 我 的。

Zhè shì wǒ mǎi de xīn shǒujī.
★ 这 是 我 买 的 新 手机。　　　　　　　　　　　　　（ 　 ）

49. Nà ge dàxué hěn dà, yě hěn piàoliang. Mèimei shuō hěn xiǎng qù nàr xuéxí.
    那个大学很大，也很漂亮。妹妹说很想去那儿学习。

    Mèimei xīwàng qù nà ge dàxué xuéxí.
    ★ 妹妹希望去那个大学学习。　　　　　　　　　　（　　）

50. Qù jīchǎng, zuò chūzūchē yě yào liǎng ge duō xiǎoshí.
    去机场，坐出租车也要两个多小时。

    Zhèr lí jīchǎng hěn yuǎn.
    ★ 这儿离机场很远。　　　　　　　　　　　　　　（　　）

第四部分

第 51-55 题

A 他在卖东西。

B 他告诉我，一个小时后到家。

C 王朋每天早上跑步，还常常去游泳。

D 那还等什么？现在就去吧！

E 他在哪儿呢？你看见他了吗？

F 她今天很累。

例如：他还在教室里学习。　E

51. 他是个爱运动的人。　☐

52. 爸爸什么时候回家？他说了吗？　☐

53. 妹妹忙着工作，一晚上没睡觉。　☐

54. 苹果便宜卖了！两块钱一斤！　☐

55. 我真想去跳舞。　☐

第 55-60 题

A　Zǎoshàng tā gěi wǒ dǎ diànhuà, shuō tā de chē bù néng kāi le.
　　早上 她给我打电话，说她的车不能开了。

B　Tā měi tiān shàngbān yào kāi yí ge xiǎoshí chē.
　　他每天 上班 要开一个小时车。

C　Nǐ bù hē niúnǎi, nà yào bu yào hē kāfēi? Wǒ juéde zhè ge kāfēi hěn hǎohē.
　　你不喝牛奶，那要不要喝咖啡？我觉得这个咖啡很好喝。

D　Xiǎo Lǐ liǎng ge yuè hòu huí Zhōngguó.
　　小李两个月后回 中国。

E　Dìdi de péngyou lái le, wǒ xiǎng zuò jǐ ge cài gěi tāmen chī.
　　弟弟的 朋友 来了，我 想 做几个菜给他们吃。

56. Tā de jiā lí gōngsī hěn yuǎn.
　　他的家离 公司 很 远。　☐

57. Jiějie bù xǐhuan hē niúnǎi.
　　姐姐不喜欢 喝牛奶。　☐

58. Nín zuò de cài tài hǎochī le! Wǒ kěyǐ zài chī yìdiǎnr ma?
　　您 做的菜太 好吃了！我可以再吃一点儿吗？　☐

59. Tài hǎo le! Nǐ yào huí guó le? Dào wǒ jiā lái wánr ba!
　　太好了！你要回 国了？到我家 来玩儿吧！　☐

60. Zhāng Lì zài nǎr? Zěnme hái méiyǒu lái?
　　张 丽在哪儿？怎么 还 没有 来？　☐

新汉语水平考试
HSK（二级）
全真模拟试题
（第 3 套）

注　意

一、HSK（二级）分两部分：

　　1. 听力（35 题，约 25 分钟）

　　2. 阅读（25 题，22 分钟）

二、听力结束后，有 **3** 分钟填写答题卡。

三、全部考试约 55 分钟（含考生填写个人信息时间 5 分钟）。

中国　北京　　　　　　　　　××××/×××××××　　编制

一、听力

第一部分

第 1-10 题

例如:		✓
		×
1.		
2.		
3.		
4.		
5.		

6.		
7.		
8.		
9.		
10.		

第二部分

第 11-15 题

A

B

C

D

E

F

例如：男：Nǐ xǐhuan shénme yùndòng?
　　　　你 喜欢 什么 运动？
　　　女：Wǒ zuì xǐhuan tī zúqiú.
　　　　我 最 喜欢 踢 足球。　　　　　D

11.

12.

13.

14.

15.

第 16-20 题

A B

C D

E

16. ☐

17. ☐

18. ☐

19. ☐

20. ☐

第三部分

第 21-30 题

例如：男：Xiǎo Wáng, zhèli yǒu jǐ ge bēizi, nǎ ge shì nǐ de?
小 王，这里 有 几 个 杯子，哪 个 是 你 的？

女：Zuǒbian nà ge hóngsè de shì wǒ de.
左边 那 个 红色 的 是 我 的。

问：Xiǎo Wáng de bēizi shì shénme yánsè de?
小 王 的 杯子 是 什么 颜色 的？

A hóngsè 红色 ✓　　B hēisè 黑色　　C báisè 白色

21. A péngyoujiā 朋友家　　B jiějiejiā 姐姐家　　C māmajiā 妈妈家

22. A hěn piàoliang 很 漂亮　　B tài guì le 太 贵 了　　C hěn piányi 很 便宜

23. A chàng gē 唱 歌　　B yóu yǒng 游 泳　　C tiào wǔ 跳 舞

24. A chī fàn 吃 饭　　B yùndòng 运 动　　C shuì jiào 睡 觉

25. A cài piányi 菜 便宜　　B cài duō 菜 多　　C cài hǎo chī 菜 好吃

26. A zuò gōnggòng qìchē 坐 公共 汽车　　B zuò chūzūchē 坐 出租车　　C zǒu lù 走 路

27. A qī diǎn 七 点　　B bā diǎn 八 点　　C jiǔ diǎn 九 点

28. A shíwǔ kuài 十五 块　　B bā kuài 八 块　　C shíbā kuài 十八 块

29. A lǎoshī 老师　　B fúwùyuán 服务员　　C yīshēng 医生

30. A xià xīngqīsì 下 星期四　　B xīngqīsì 星期四　　C xià xīngqīwǔ 下 星期五

第 四 部 分

第 31-35 题

例如：女： Qǐng zài zhèr xiě nín de míngzi.
请 在 这儿 写 您 的 名字。

男： Shì zhèr ma?
是 这儿 吗？

女： Bú shì, shì zhèr.
不 是，是 这儿。

男： Hǎo, xièxie.
好，谢谢。

问： Nán de yào xiě shénme?
男 的 要 写 什么？

A 名字 míngzi ✓   B 时间 shíjiān   C 房间 号 fángjiān hào

31. A 卖 水果 mài shuǐguǒ   B 卖 车票 mài chēpiào   C 卖 机票 mài jīpiào

32. A 学校 前面 xuéxiào qiánmian   B 公司 前面 gōngsī qiánmian   C 饭馆儿 前面 fànguǎnr qiánmian

33. A 四十 分钟 sìshí fēnzhōng   B 五十 分钟 wǔshí fēnzhōng   C 十四 分钟 shísì fēnzhōng

34. A 很 高 hěn gāo   B 眼睛 很 小 yǎnjing hěn xiǎo   C 很 漂亮 hěn piàoliang

35. A 机场 jīchǎng   B 商店 shāngdiàn   C 学校 xuéxiào

二、阅 读

第一部分

第 36-40 题

A	B
C	D
E	F

例如： Měi ge xīngqīliù, wǒ dōu qù dǎ lánqiú.
每 个 星期六，我 都 去 打 篮球。 D

36. Nǐ kàn, tā hěn xiǎng chī nà ge.
你 看，他 很 想 吃 那 个。

37. Zhè ge xiānsheng kěnéng zhǎo bu dào lù le.
这 个 先生 可能 找 不 到 路 了。

38. Zǎoshàng qǐ chuáng hòu chī liǎng ge jīdàn ba.
早上 起 床 后 吃 两 个 鸡蛋 吧。

39. Kāfēi hēwán le? Qǐng zài hē yì bēi ba.
咖啡 喝完 了？请 再 喝 一 杯 吧。

40. Wǒmen juéde màn pǎo shì hěn hǎo de yùndòng.
我们 觉得 慢 跑 是 很 好 的 运动。

— 7 —

第二部分

第41-45题

A 题 B 所以 C 懂 D 件 E 贵 F 药

例如：这儿的 羊肉 很 好吃，但是 也 很（ E ）。

41. 昨天 考试 的 第一（ A ），我 不 会 做。

42. 他 说 了 很 长 时间，但是 我 还是 不（ C ）他 的 意思。

43. 你 穿 这（ D ）衣服 真 好看。

44. 他 生 病 了，要 吃 点儿（ F ）。

45. 小 张 每天 运动，（ B ）身体 很 好。

第 三 部 分

第 46-50 题

例如：
Xiànzài shì diǎn fēn, tāmen yǐjīng yóule fēnzhōng le.
现在 是 11 点 30 分，他们 已经 游了 20 分钟 了。

Tāmen diǎn fēn kāishǐ yóu yǒng.
★ 他们 11 点 10 分 开始 游 泳。 （ √ ）

Wǒ huì tiào wǔ, dàn tiào de bù zěnmeyàng.
我 会 跳舞，但 跳 得 不 怎么样。

Wǒ tiào de fēicháng hǎo.
★ 我 跳 得 非常 好。 （ × ）

46.
Jiějie xǐhuan lǚyóu, dìdi yě xǐhuan lǚyóu.
姐姐 喜欢 旅游，弟弟 也 喜欢 旅游。

Jiějie hé dìdi dōu xǐhuan lǚyóu.
★ 姐姐 和 弟弟 都 喜欢 旅游。 （ ）

47.
Tā huì shuō Hànyǔ, dànshì chángcháng shuōcuò.
她 会 说 汉语，但是 常常 说错。

Tā Hànyǔ shuō de hěn búcuò.
★ 她 汉语 说 得 很 不错。 （ ）

48.
Xiǎo Wáng, bāng wǒ mǎi yì bēi kāfēi, kěyǐ ma? Xièxie!
小 王，帮 我 买 一 杯 咖啡，可以 吗？谢谢！

Wǒ ràng Xiǎo Wáng bāng wǒ mǎi kāfēi.
★ 我 让 小 王 帮 我 买 咖啡。 （ ）

49. Wǒ qùguo Běijīng liǎng cì, hěn xǐhuan nàli.
我 去过 北京 两 次，很 喜欢 那里。

★ Wǒ xiànzài zhù zài Běijīng.
★ 我 现在 住 在 北京。 （ ）

50. Wǒ de fángjiān xiǎo, mèimei de fángjiān dà.
我 的 房间 小，妹妹 的 房间 大。

★ Wǒ de fángjiān bǐ mèimei de dà.
★ 我 的 房间 比 妹妹 的 大。 （ ）

第四部分

第51-55题

A
Wáng lǎoshī jīnnián duō dà?
王 老师 今年 多 大？

B
Māma bìng le, wǒmen lái zuò fàn ba!
妈妈 病 了，我们 来 做 饭 吧！

C
Tā měi tiān zǎoshang bā diǎn shàngbān, wǎnshang qī diǎn xiàbān.
他 每 天 早上 八 点 上班， 晚上 七 点 下班。

D
Péngyoumen dōu hěn xǐhuan tā.
朋友们 都 很 喜欢 她。

E
Tā zài nǎr ne? Nǐ kànjiàn tā le ma?
他 在 哪儿 呢？你 看见 他 了 吗？

F
Tā qǐng péngyou kàn diànyǐng.
他 请 朋友 看 电影。

例如：
Tā hái zài jiàoshì li xuéxí.
他 还 在 教室 里 学习。 　　**E**

51.
Tā jīnnián wǔshí'èr suì.
他 今年 五十二 岁。 　　☐

52.
Zhè gè nǚháizi ài shuō ài xiào, hěn piàoliang.
这 个 女孩子 爱 说 爱 笑，很 漂亮。 　　☐

53.
Hǎo ā! Méi wèntí, wǒ qù xǐ cài.
好 啊！没 问题，我 去 洗 菜。 　　☐

54.
Xiǎo Lǐ gōngzuò hěn máng.
小 李 工作 很 忙。 　　☐

55.
Míngtiān wǒmen yìqǐ qù kàn diànyǐng, hǎo ma?
明天 我们 一起 去 看 电影， 好 吗？ 　　☐

第 56-60 题

A　Xiǎo Zhāng rén hěn hǎo, xǐhuān bāngzhù dàjiā.
　　小 张 人 很 好，喜欢 帮助 大家。

B　Lǎoshī wèn wèntí, tā chángcháng dì-yí ge huídá.
　　老师 问 问题，他 常常 第一个 回答。

C　Xiǎo Lǐ ràng bàba hǎohao xiūxī.
　　小 李 让 爸爸 好好 休息。

D　Zuótiān tā dǎ diànhuà gàosu wǒ de.
　　昨天 他 打 电话 告诉 我 的。

E　Wáng Lì jīntiān lái wǒ jiā le.
　　王 丽 今天 来 我 家 了。

56. Huānyíng, huānyíng, kuài qǐng zuò ba!
    欢迎，欢迎，快 请 坐 吧！　　□

57. Nǐ de diànnǎo yǒu wèntí? Méi guānxi, wǒ lái bāng nǐ.
    你的 电脑 有 问题？没 关系，我 来 帮 你。　　□

58. Nín xiànzài hē yì bēi rè shuǐ, zài shuì jǐ ge xiǎoshí.
    您 现在 喝 一 杯 热 水，再 睡 几 个 小时。　　□

59. Dìdi měi cì kǎo shì dōu shì dì-yī.
    弟弟 每 次 考试 都 是 第一。　　□

60. Nǐ zěnme zhīdào tā chū guó le?
    你 怎么 知道 他 出 国 了？　　□

新汉语水平考试
HSK（二级）
全真模拟试题
（第4套）

注　意

一、HSK（二级）分两部分：

　　1. 听力（35题，约25分钟）

　　2. 阅读（25题，22分钟）

二、听力结束后，有**3分钟**填写答题卡。

三、全部考试约55分钟（含考生填写个人信息时间5分钟）。

中国　北京　　　　　　　　ХХХХ/ХХХХХХХ　编制

一、听力

第一部分

第 1-10 题

例如:	(图:一家三口)	√
	(图:自行车)	×
1.	(图:一个人在走路)	
2.	(图:一个小男孩)	
3.	(图:一只手拿着光盘)	
4.	(图:一个人双手捂脸)	
5.	(图:一个酒杯)	

— 1 —

6.		
7.		
8.		
9.		
10.		

第 二 部 分

第 11-15 题

A

B

C

D

E

F

例如：男：Nǐ xǐhuan shénme yùndòng?
你 喜欢 什么 运动？
女：Wǒ zuì xǐhuan tī zúqiú.
我 最 喜欢 踢 足球。   D

11.
12.
13.
14.
15.

第 16-20 题

A
B
C
D
E

16.

17.

18.

19.

20.

第 三 部 分

第 21-30 题

例如：男： Xiǎo Wáng, zhèli yǒu jǐ ge bēizi, nǎ ge shì nǐ de?
　　　　　小　王，这里 有 几 个 杯子，哪 个 是 你 的？

　　　　女： Zuǒbian nà ge hóngsè de shì wǒ de.
　　　　　左边 那 个 红色 的 是 我 的。

　　　　问： Xiǎo Wáng de bēizi shì shénme yánsè de?
　　　　　小　王 的 杯子 是 什么 颜色 的？

　　　　A hóngsè 红色 ✓　　　B hēisè 黑色　　　C báisè 白色

21. A 　gōngzuò 工作　　　B 　xuéxí 学习　　　C 　nǚpéngyou 女朋友

22. A 　qù 去　　　B 　bú qù 不去　　　C 　míngtiān qù 明天 去

23. A 　shàngwǔ 上午　　　B 　xiàwǔ 下午　　　C 　wǎnshang 晚上

24. A 　zuò qìchē 坐 汽车　　　B 　zuò huǒchē 坐 火车　　　C 　zuò fēijī 坐飞机

25. A 　yí ge yuè 一个月　　　B 　yí ge xīngqī 一个星期　　　C 　liǎng ge xīngqī 两 个 星期

26. A 　nánpéngyou 男朋友　　　B 　jiārén 家人　　　C 　nǚpéngyou 女朋友

27. A 　xīngqītiān 星期天　　　B 　míngtiān 明天　　　C 　xīngqītiān wǎnshang 星期天 晚上

28. A 　zhàngfu 丈夫　　　B 　nánpéngyou 男朋友　　　C 　gēge 哥哥

29. A 　dǎ lánqiú 打篮球　　　B 　pǎo bù 跑 步　　　C 　dǎ diànhuà 打 电话

30. A 　sānshí kuài 三十块　　　B 　èrshí kuài 二十 块　　　C 　sìshí kuài 四十 块

第 四 部 分

第 31-35 题

例如：女： Qǐng zài zhèr xiě nín de míngzi.
请 在 这儿 写 您 的 名字。

男： Shì zhèr ma?
是 这儿 吗？

女： Bú shì, shì zhèr.
不 是，是 这儿。

男： Hǎo, xièxie.
好，谢谢。

问： Nán de yào xiě shénme?
男 的 要 写 什么？

A 名字 míngzi ✓   B 时间 shíjiān   C 房间号 fángjiān hào

31. A 看电影 kàn diànyǐng   B 看电视 kàn diànshì   C 唱歌 chàng gē

32. A 五岁 wǔ suì   B 七岁 qī suì   C 九岁 jiǔ suì

33. A 医院 yīyuàn   B 学校 xuéxiào   C 饭馆儿 fànguǎnr

34. A 爸妈家 bàmājiā   B 姐姐家 jiějiejiā   C 朋友家 péngyoujiā

35. A 工作 gōngzuò   B 旅游 lǚyóu   C 学习 xuéxí

二、阅 读

第一部分

第 36-40 题

Měi ge xīngqīliù, wǒ dōu qù dǎ lánqiú.
例如：每 个 星期六，我 都 去 打 篮球。 　　D

Wǒ juéde cháng yìdiǎnr hǎokàn.
36. 我 觉得 长 一点儿 好看。

Zuò zhè lù gōnggòng qìchē kěyǐ dào gōngsī.
37. 坐 这 路 公共 汽车 可以 到 公司。

Kàn, zhè ge nǚháizi tiào de zhēn gāo a.
38. 看，这 个 女孩子 跳 得 真 高 啊。

Nàr yǒu yìdiǎnr qián, kěyǐ mǎi bàozhǐ.
39. 那儿 有 一点儿 钱，可以 买 报纸。

Shǒujī zài bēizi pángbiān.
40. 手机 在 杯子 旁边。

第二部分

第41-45题

A 旁边（pángbiān） B 找（zhǎo） C 忙（máng） D 别（bié） E 贵（guì） F 离（lí）

例如：这儿的羊肉很好吃，但是也很（ E ）。

41. 我家（ ）有一个商店，我有时去那儿买东西。

42. 你太（ ）了，这些工作让我来做吧。

43. （ ）吃，苹果还没有洗呢。

44. （ ）新年还有十天，大家都在准备。

45. 小张，上午小王打电话来（ ）你，但是你不在。

第三部分

第 46-50 题

例如：
Xiànzài shì 11 diǎn 30 fēn, tāmen yǐjīng yóule 20 fēnzhōng le.
现在 是 11 点 30 分，他们 已经 游了 20 分钟 了。

★ Tāmen 11 diǎn 10 fēn kāishǐ yóu yǒng.
他们 11 点 10 分 开始 游 泳。 （ √ ）

Wǒ huì tiào wǔ, dàn tiào de bù zěnmeyàng.
我 会 跳 舞，但 跳 得 不 怎么样。

★ Wǒ tiào de fēicháng hǎo.
我 跳 得 非常 好。 （ ✗ ）

46. Wèi, Xiǎo Lǐ ma? Wǒ shì Zhāng Hóng. Wǒ bìng le, jīntiān bú qù shàng kè
喂，小 李 吗？我 是 张 红。我 病 了，今天 不 去 上 课
le. Qǐng bāng wǒ gàosu Wáng lǎoshī, xièxie!
了。请 帮 我 告诉 王 老师，谢谢！

★ Xiǎo Lǐ jīntiān bú qù shàng kè le.
小 李 今天 不 去 上 课 了。 （ ）

47. Xiǎo Wáng xiǎng xué yóu yǒng, dànshì gōngzuò tài máng le, méiyǒu shíjiān.
小 王 想 学 游 泳，但是 工作 太 忙 了，没有 时间。

★ Xiǎo Wáng méiyǒu xué yóu yǒng.
小 王 没有 学 游 泳。 （ ）

48. Míngtiān xiàwǔ ma? Méi wèntí, nà míngtiān jiàn!
明天 下午 吗？没 问题，那 明天 见！

★ Wǒ méiyǒu wèn wèntí.
我 没有 问 问题。 （ ）

49. Tā mǎile yí kuài shǒubiǎo sòng gěi bàba, bàba hěn gāoxìng.
    她买了一块 手表 送 给爸爸，爸爸 很 高兴。

    Bàba sòng gěi tā yí kuài shǒubiǎo.
    ★ 爸爸 送 给 她 一 块 手表。   （   ）

50. Xiǎo Zhāng, nǐ míngtiān xiàwǔ lái wǒ gōngsī, hǎo ma? Wǒ yǒu shì zhǎo nǐ.
    小 张，你 明天 下午 来 我 公司，好 吗？我 有 事 找 你。

    Wǒ ràng Xiǎo Zhāng míngtiān xiàwǔ lái zhǎo wǒ.
    ★ 我 让 小 张 明天 下午 来 找 我。   （   ）

第四部分

第 51-55 题

A 是啊，所以我请你来这儿吃饭。

B 他正在找东西。

C 我要两个，谢谢。

D 我不想出门，就想在家休息。

E 他在哪儿呢？你看见他了吗？

F 妹妹每次一看书就想睡觉。

例如：他还在教室里学习。　　E

51. 今天外面下大雪了，很冷。　　☐

52. 你买几个西瓜？　　☐

53. 这个饭馆儿的菜真好吃！　　☐

54. 她不喜欢看书。　　☐

55. 看见我的手机了吗？上午还在的。　　☐

第 56-60 题

A 从明天开始，可以休息五天。

B 弟弟的生日快到了，我想送给他一个自行车。

C 他在和妹妹说话。

D 小李向服务员要一个杯子。

E 张丽去见孩子的老师了。

56. 小明这孩子学习很好，同学们也很喜欢他。 □

57. 你真好！这样我上班路上的时间就少了！ □

58. 好的，先生，请等一下。 □

59. 太好了！我们明天出去玩儿吧！ □

60. 妹妹，你工作怎么样？忙不忙？ □

新汉语水平考试
HSK(二级)
全真模拟试题
(第5套)

注　　意

一、HSK（二级）分两部分：

　　1. 听力（35题，约25分钟）

　　2. 阅读（25题，22分钟）

二、听力结束后，有 **3 分钟**填写答题卡。

三、全部考试约 55 分钟（含考生填写个人信息时间 5 分钟）。

中国　北京　　　　　　　　　××××/××××××　编制

一、听 力

第 一 部 分

第 1-10 题

例如：	(图：三个人)	✓
	(图：自行车)	×
1.	(图：女士)	
2.	(图：草莓)	
3.	(图：咖啡)	
4.	(图：骑自行车的人)	
5.	(图：狗)	

6.		
7.		
8.		
9.		
10.		

第二部分

第 11-15 题

A

B

C

D

E

F

例如：男：Nǐ xǐhuan shénme yùndòng?
　　　　你 喜欢 什么 运动？

　　　女：Wǒ zuì xǐhuan tī zúqiú.
　　　　我 最 喜欢 踢 足球。　　　　　　　D

11. ☐
12. ☐
13. ☐
14. ☐
15. ☐

第 16-20 题

A B
C D
E

16. ☐

17. ☐

18. ☐

19. ☐

20. ☐

第三部分

第21-30题

例如：男： Xiǎo Wáng, zhèli yǒu jǐ ge bēizi, nǎ ge shì nǐ de?
　　　　小 王， 这里 有 几 个 杯子，哪 个 是 你 的？

　　　女： Zuǒbian nà ge hóngsè de shì wǒ de.
　　　　左边 那 个 红色 的 是 我 的。

　　　问： Xiǎo Wáng de bēizi shì shénme yánsè de?
　　　　小 王 的 杯子 是 什么 颜色 的？

   A 红色 hóngsè ✓　　　B 黑色 hēisè　　　C 白色 báisè

21. A 吃饭 chī fàn　　　B 买菜 mǎi cài　　　C 看报纸 kàn bàozhǐ

22. A 203　　　B 302　　　C 320

23. A 雨天 yǔtiān　　　B 雪天 xuětiān　　　C 晴天 qíngtiān

24. A 电影院里 diànyǐngyuàn li　　　B 教室门外 jiàoshì mén wài　　　C 出租车上 chūzūchē shang

25. A 下雨了 xià yǔ le　　　B 没时间 méi shíjiān　　　C 太冷了 tài lěng le

26. A 第一次 dì-yī cì　　　B 第二次 dì-èr cì　　　C 第三次 dì-sān cì

27. A 走路 zǒu lù　　　B 坐船 zuò chuán　　　C 坐公共汽车 zuò gōnggòng qìchē

28. A 手机 shǒujī　　　B 电脑 diànnǎo　　　C 自行车 zìxíngchē

29. A 来晚了 láiwǎn le　　　B 生病了 shēng bìng le　　　C 走错了 zǒucuò le

30. A 男的 nán de　　　B 女的 nǚ de　　　C 他们的儿子 tāmen de érzi

第四部分

第 31-35 题

例如：
女：Qǐng zài zhèr xiě nín de míngzi.
　　请 在 这儿 写 您 的 名字。

男：Shì zhèr ma?
　　是 这儿 吗？

女：Bú shì, shì zhèr.
　　不 是，是 这儿。

男：Hǎo, xièxie.
　　好，谢谢。

问：Nán de yào xiě shénme?
　　男 的 要 写 什么？

A míngzi 名字 ✓　　B shíjiān 时间　　C fángjiān hào 房间 号

31. A fànguǎnr 饭馆儿　　B diànyǐngyuàn 电影院　　C huǒchēzhàn 火车站

32. A shuì jiào 睡 觉　　B kàn shū 看 书　　C kàn diànshì 看 电视

33. A yí ge xiǎoshí 一 个 小时　　B liǎng ge xiǎoshí 两 个 小时　　C sān ge xiǎoshí 三 个 小时

34. A tā yǒudiǎnr lèi 他 有点儿 累　　B tā tài máng le 他 太 忙 了　　C tā qù chàng gē 他 去 唱 歌

35. A lǎoshī 老师　　B yīshēng 医生　　C fúwùyuán 服务员

二、阅 读

第一部分

第 36-40 题

　　　Měi ge xīngqīliù, wǒ dōu qù dǎ lánqiú.
例如：每 个 星 期 六，我 都 去 打 篮 球。　　　　D

　　　Wǒ shēng bìng le, māma ràng wǒ chī yào.
36. 我 生 病 了，妈妈 让 我 吃 药。

　　　Gěi nín jièshào yíxià, zhè shì Liú lǎoshī.
37. 给 您 介绍 一下，这 是 刘 老师。

　　　Tā tài lèi le, xiànzài hěn xiǎng shuì jiào.
38. 她 太 累 了，现在 很 想 睡 觉。

　　　Zhè dōu shì wǒ zuò de, nǐ yào bu yào chī yí ge?
39. 这 都 是 我 做 的，你 要 不 要 吃 一 个？

　　　Zhè ge CD zhēn búcuò, wǒ xiǎng mǎi liǎng zhāng.
40. 这 个 CD 真 不错，我 想 买 两 张。

第二部分

第 41-45 题

　　A 着_{zhe}　B 起床_{qǐ chuáng}　C 离_{lí}　D 身体_{shēntǐ}　E 贵_{guì}　F 懂_{dǒng}

例如：这儿的 羊肉 很 好吃，但是 也 很 （ E ）。

41. 他 没 学过 汉语，所以 听 不（　）我们 说 话。

42. 那 个 穿（　）黑 衣服 的 男人 就 是 赵 先生。

43. 学校（　）我家不太远，走路十五分钟就能到。

44. 我 每 天（　）后 都 要 喝 一 杯 咖啡。

45. 女：你爸爸 现在（　）怎么样？

　　男：在 医院 住了 一 个 多 月，好 多 了。

第 三 部 分

第 46-50 题

例如：
Xiànzài shì 11 diǎn 30 fēn, tāmen yǐjīng yóule 20 fēnzhōng le.
现在 是 11 点 30 分，他们 已经 游了 20 分钟 了。

★ Tāmen 11 diǎn 10 fēn kāishǐ yóu yǒng.
他们 11 点 10 分 开始 游 泳。　　　　　　　　　　　(✓)

Wǒ huì tiào wǔ, dàn tiào de bù zěnmeyàng.
我 会 跳 舞，但 跳 得 不 怎么样。

★ Wǒ tiào de fēicháng hǎo.
我 跳 得 非常 好。　　　　　　　　　　　　　　　　(✗)

46. Wǒ lái Běijīng sān nián le, qùnián kāishǐ xuéxí Hànyǔ, wǒ juéde Hànyǔ hěn yǒu yìsi.
我 来 北京 三 年 了，去年 开始 学习 汉语，我 觉得 汉语 很 有 意思。

★ Wǒ xuéle sān nián Hànyǔ le.
我 学了 三 年 汉语 了。　　　　　　　　　　　　　( )

47. Wàimian yīntiān le, kěnéng yào xià yǔ, wǒmen bié qù tiào wǔ le, zài jiā kàn diànshì ba.
外面 阴天 了，可能 要 下 雨，我们 别 去 跳 舞 了，在 家 看 电视 吧。

★ Xiànzài hái méi xià yǔ.
现在 还 没 下 雨。　　　　　　　　　　　　　　　( )

48. Zuótiān shàng kè de shíhòu, lǎoshī chūle yí ge tí, dànshì wǒmen dōu bù zhīdào
    昨天 上 课 的 时候，老师 出了一个题，但是 我们 都 不 知道

    zěnme zuò.
    怎么 做。

    Wǒ yě bú huì zuò nà ge tí.
    ★ 我 也 不 会 做 那 个 题。   (   )

49. Dìdi bǐ wǒ xiǎo sān suì, dànshì yīnwèi tā ài yùndòng, suǒyǐ bǐ wǒ gāo
    弟弟 比 我 小 三 岁，但是 因为 他 爱 运动，所以 比 我 高

    hěn duō.
    很 多。

    Wǒ bǐ dìdi gāo.
    ★ 我 比 弟弟 高。   (   )

50. Wǒ jiā de xiǎo māo fēicháng xǐhuan kàn diànshì, wǎnshang wǒ kàn diànshì shí,
    我家 的 小 猫 非常 喜欢 看 电视， 晚上 我 看 电视 时，

    tā dōu zuò zài pángbiān hé wǒ yìqǐ kàn.
    它 都 坐 在 旁边 和 我 一起 看。

    Wǒ bù xǐhuan māo.
    ★ 我 不 喜欢 猫。   (   )

第四部分

第51-55题

A 新年快乐！这是送给你的。

B 这个人正在买东西呢。

C 已经八点了，你怎么还不去学校？

D 我问她是不是有男朋友了。

E 他在哪儿呢？你看见他了吗？

F 中国人的姓有三千多个，姓李的人最多。

例如：他还在教室里学习。　　E

51. 我的天，手表慢了半个多小时。　　□

52. 太好了，我很早就想买个新手机了。　　□

53. 她向我笑了笑，不回答。　　□

54. 今天老师给我们介绍了中国人的姓。　　□

55. 四百五太贵了，能不能便宜点儿？　　□

第 56-60 题

A Nǐ yào qù Shànghǎi lǚyóu ma?
   你要去上海旅游吗?

B Wǒ juéde nǚrén dōu xǐhuan mǎi dōngxi.
   我觉得女人都喜欢买东西。

C Tāmen de xīn jiā zhēn dà, zhēn piàoliang.
   他们的新家真大,真漂亮。

D Tā gàosu wǒ tā yǒu kè, méi shíjiān qù.
   他告诉我他有课,没时间去。

E Zhè ge yuè gōngsī shìqing hěn duō, xià ge yuè huì hǎo yìdiǎnr.
   这个月公司事情很多,下个月会好一点儿。

56. Wǒmen wǎnshang qù kàn diànyǐng, nǐ xiǎng bu xiǎng yìqǐ qù?
    我们晚上去看电影,你想不想一起去? ☐

57. Nǐ tài máng le, yào duō xiūxi xiūxi.
    你太忙了,要多休息休息。 ☐

58. Duì, wǒ yǒu péngyou zài nàr gōngzuò.
    对,我有朋友在那儿工作。 ☐

59. Jīntiān tā hé mèimei qù shāngdiàn mǎi yīfu le.
    今天她和妹妹去商店买衣服了。 ☐

60. Nǐmen kuài qǐngjìn, lái, chī diǎnr xīguā ba.
    你们快请进,来,吃点儿西瓜吧。 ☐

新汉语水平考试
HSK（二级）
全真模拟试题
（第6套）

注　　意

一、HSK（二级）分两部分：

　　1. 听力（35题，约25分钟）

　　2. 阅读（25题，22分钟）

二、听力结束后，有**3分钟**填写答题卡。

三、全部考试约55分钟（含考生填写个人信息时间5分钟）。

中国　北京　　　　　　　　　××××/×××××××　编制

一、听　力

第 一 部 分

第1-10题

例如：	(image)	✓
	(image)	×
1.	(image)	
2.	(image)	
3.	(image)	
4.	(image)	
5.	(image)	

6.		
7.		
8.		
9.		
10.		

第 二 部 分

第 11-15 题

A
B
C
D
E
F

　　　　　Nǐ xǐhuan shénme yùndòng?
例如：男：你 喜欢 什么 运动？
　　　　　Wǒ zuì xǐhuan tī zúqiú.
　　　女：我 最 喜欢 踢 足球。　　　D

11. ☐
12. ☐
13. ☐
14. ☐
15. ☐

第 16-20 题

A

B

C

D

E

16. ☐

17. ☐

18. ☐

19. ☐

20. ☐

第三部分

第 21-30 题

例如：男： Xiǎo Wáng, zhèlǐ yǒu jǐ ge bēizi, nǎ ge shì nǐ de?
　　　　小　王，这里 有 几 个 杯子，哪 个 是 你 的？

　　　女： Zuǒbian nà ge hóngsè de shì wǒ de.
　　　　左边 那 个 红色 的 是 我 的。

　　　问： Xiǎo Wáng de bēizi shì shénme yánsè de?
　　　　小　王 的 杯子 是 什么 颜色 的？

　　　A 红色 hóngsè ✓　　　B 黑色 hēisè　　　C 白色 báisè

21. A 很 新 hěn xīn　　　B 很 大 hěn dà　　　C 很 贵 hěn guì

22. A 走 路 zǒu lù　　　B 坐 出租车 zuò chūzūchē　　　C 坐 公共 汽车 zuò gōnggòng qìchē

23. A 游 泳 yóu yǒng　　　B 上班 shàngbān　　　C 唱 歌 chàng gē

24. A 很 不 好 hěn bù hǎo　　　B 不 太 好 bú tài hǎo　　　C 非常 好 fēicháng hǎo

25. A 便宜 piányi　　　B 漂亮 piàoliang　　　C 喜欢 xǐhuān

26. A 星期五 xīngqīwǔ　　　B 星期六 xīngqīliù　　　C 星期天 xīngqītiān

27. A 女 的 nǚ de　　　B 男 的 nán de　　　C 小 张 Xiǎo Zhāng

28. A 杯子 bēizi　　　B 鸡蛋 jīdàn　　　C 咖啡 kāfēi

29. A 左边 的 zuǒbian de　　　B 右边 的 yòubian de　　　C 旁边 的 pángbian de

30. A 12月25号 yuè hào　　　B 12月31号 yuè hào　　　C 1月1号 yuè hào

第四部分

第 31-35 题

例如：女： Qǐng zài zhèr xiě nín de míngzi.
　　　　请 在 这儿 写 您 的 名字。

　　　男： Shì zhèr ma?
　　　　是 这儿 吗？

　　　女： Bú shì, shì zhèr.
　　　　不 是，是 这儿。

　　　男： Hǎo, xièxie.
　　　　好，谢谢。

　　　问： Nán de yào xiě shénme?
　　　　男 的 要 写 什么？

　　A 名字 (míngzi) ✓　　B 时间 (shíjiān)　　C 房间 号 (fángjiān hào)

31. A 机场 (jīchǎng)　　B 火车站 (huǒchēzhàn)　　C 男 的 家 (nán de jiā)

32. A 红 的 卖完 了 (hóng de màiwán le)　　B 他 喜欢 黑色 (tā xǐhuān hēisè)　　C 黑 的 便宜 (hēi de biànyí)

33. A 吃 什么 (chī shénme)　　B 去 哪儿 吃 (qù nǎr chī)　　C 谁 买 菜 (shéi mǎi cài)

34. A 六百 (liùbǎi)　　B 八百 (bābǎi)　　C 九千 (jiǔqiān)

35. A 现在 很 累 (xiànzài hěn lèi)　　B 也 要 跑步 (yě yào pǎo bù)　　C 不 想 吃 药 (bù xiǎng chī yào)

二、阅 读

第一部分

第 36-40 题

A

B

C

D

E

F

Měi ge xīngqīliù, wǒ dōu qù dǎ lánqiú.
例如：每 个 星期六，我 都 去 打 篮球。　　D

    Wǒ zhèngzài hé māma xué zuò cài.
36. 我 正在 和 妈妈 学 做 菜。

    Zhè ge tí zěnme zuò? Ràng wǒ xiǎng yi xiǎng.
37. 这 个 题 怎么 做？让 我 想 一 想。

    Kàn nǐ de xiǎo māo, tā xiǎng zuò shénme?
38. 看 你 的 小 猫，它 想 做 什么？

    Kuài qù xǐxi shǒu ba, wǒmen jiù yào chī fàn le.
39. 快 去 洗洗 手 吧，我们 就 要 吃 饭 了。

    Māma gàosu wǒmen měi tiān hē niúnǎi duì shēntǐ hǎo.
40. 妈妈 告诉 我们 每 天 喝 牛奶 对 身体 好。

第二部分

第 41-45 题

A 介绍 (jièshào)　B 别 (bié)　C 向 (xiàng)　D 可能 (kěnéng)　E 贵 (guì)　F 百 (bǎi)

例如：这儿的羊肉很好吃，但是也很（ E ）。
(Zhèr de yángròu hěn hǎochī, dànshì yě hěn)

41. 外面阴天了，（　）要下雨，等天晴了再去吧。
(Wàimiàn yīntiān le, yàoxià yǔ, děng tiān qíngle zài qù ba.)

42. 这件衣服要八（　）元？太贵了吧？
(Zhè jiàn yīfu yào bā yuán? Tài guì le ba?)

43. 你（　）问了，我是不会告诉你的。
(Nǐ wèn le, wǒ shì bú huì gàosu nǐ de.)

44. 医院不远，你从这儿（　）前走五分钟，路的左边就是。
(Yīyuàn bù yuǎn, nǐ cóng zhèr qián zǒu wǔ fēnzhōng, lù de zuǒbian jiù shì.)

45. 男：请进，欢迎来我家，我来（　）一下，这是我妻子李苹。
(Qǐng jìn, huānyíng lái wǒ jiā, wǒ lái yíxià, zhè shì wǒ qīzi Lǐ Píng.)
　　女：李苹，你好，我是王小希。
(Lǐ Píng, nǐ hǎo, wǒ shì Wáng Xiǎoxī.)

第三部分

第 46-50 题

例如：现在 是 11 点 30 分，他们 已经 游了 20 分钟 了。

★ 他们 11 点 10 分 开始 游 泳。　　　　　　　　　　（ ✓ ）

我 会 跳 舞，但 跳 得 不 怎么样。

★ 我 跳 得 非常 好。　　　　　　　　　　　　　　　（ ✗ ）

46. 这 是 我 姐姐，她 正在 读 大学，她 喜欢 笑着 说 话，大家 都 很 喜欢 她。

★ 姐姐 很 喜欢 说 话。　　　　　　　　　　　　　　（　）

47. 你 快 一点儿，已经 七 点 二十 了，电影 八 点钟 开始，我 在 教室 外面 等 你。

★ 电影 还 没 开始。　　　　　　　　　　　　　　　（　）

— 9 —

48. Nín hé māma kuài xiàqu ba, huǒchē yào kāi le, wǒ dàole xuéxiào jiù gěi nǐmen
您和妈妈快下去吧,火车要开了,我到了学校就给你们
dǎ diànhuà.
打电话。

★ Tāmen yìqǐ qù xuéxiào.
他们一起去学校。　　　　　　　　　　　　　　　（　　）

49. Xiǎoliàng, nǐ bié qù yóu yǒng le, xiànzài xià yǔ ne, shuǐ hěn lěng, huì shēng
小亮,你别去游泳了,现在下雨呢,水很冷,会生
bìng de. Tiānqì hǎole wǒmen yìqǐ qù.
病的。天气好了我们一起去。

★ Xiǎoliàng bù xiǎng qù yóu yǒng.
小亮不想去游泳。　　　　　　　　　　　　　　　（　　）

50. Wǒmen yìjiā zhǔnbèi qù Shànghǎi lǚyóu, wǒ de háizi jīnnián liǎng suì, bú yòng
我们一家准备去上海旅游,我的孩子今年两岁,不用
mǎi piào, suǒyǐ mǎi liǎng zhāng huǒchēpiào jiù kěyǐ.
买票,所以买两张火车票就可以。

★ Wǒmen zuò huǒchē qù Shànghǎi.
我们坐火车去上海。　　　　　　　　　　　　　　（　　）

第四部分

第 51-55 题

A 你 找 小路？她 还 没 起 床。

B 小 狗 怎么 了？是 不 是 生 病 了？

C 张 老师 说 话 非常 快。

D 没 关系，我 的 眼睛 好 得 很。

E 他 在 哪儿 呢？你 看见 他 了 吗？

F 你们 这儿 的 饭菜 真 不错，很 好吃，也 很 便宜。

例如：他 还 在 教室 里 学习。 — E

51. 老师 说 什么 了？太 快 了，我 没 听懂。

52. 欢迎 下次 再来。

53. 怎么 会？我们 说好 十 点 去 医院 看 朋友 的。

54. 别 在 公共 汽车 上 看 书，看 报纸。

55. 可能 是 天气 太 热 了，你 给 它 喝点儿 水 吧。

第 56-60 题

A　Zhè ge xìng yǒu liǎng ge zì, hěn yǒu yìsi.
　　这 个 姓 有 两 个 字，很 有 意思。

B　Wǒ dào jiā de shíhou, māma zhèngzài zuò fàn.
　　我 到 家 的 时候，妈妈 正在 做 饭。

C　Xīngqīliù, tā xǐhuan lái wǒ jiā zuòzuo.
　　星期六，他 喜欢 来 我 家 坐坐。

D　Tā jīntiān xiǎng zài jiā zuò fàn, suǒyǐ qù shāngdiàn mǎi dōngxī.
　　他 今天 想 在 家 做 饭，所以 去 商店 买 东西。

E　Wǒmen xué dào dì jǐ kè le?
　　我们 学 到 第 几 课 了？

56.　Qǐngwèn, jīdàn zài nǎr mǎi?
　　请问，鸡蛋 在 哪儿 买？ ☐

57.　Měi cì dōu chīle wǎnfàn zài huíqu.
　　每 次 都 吃了 晚饭 再 回去。 ☐

58.　Tā shì wǒ de tóngxué, tā xìng Dōngfāng, jiào Dōngfāng Yán.
　　他 是 我 的 同学，他 姓 东方，叫 东方 颜。 ☐

59.　Duìbuqǐ, wǒ zuótiān shēng bìng le, yě méi lái.
　　对不起，我 昨天 生 病 了，也 没 来。 ☐

60.　Tā bú dào wǔ diǎn jiù huí jiā le.
　　他 不 到 五 点 就 回 家 了。 ☐

新汉语水平考试
HSK(二级)
全真模拟试题
(第7套)

注　意

一、HSK（二级）分两部分：

　　1. 听力（35题，约25分钟）

　　2. 阅读（25题，22分钟）

二、听力结束后，有**3**分钟填写答题卡。

三、全部考试约55分钟（含考生填写个人信息时间5分钟）。

中国　北京　　　　　　　　　××××/×××××× 编制

一、听力

第 一 部 分

第 1-10 题

例如：		✓
		×
1.		
2.		
3.		
4.		
5.		

6.		
7.		
8.		
9.		
10.		

第 二 部 分

第 11-15 题

A

B

C

D

E

F

               Nǐ xǐhuan shénme yùndòng?
例如：男：你 喜欢 什么 运动？
             Wǒ zuì xǐhuan tī zúqiú.
    女：我 最 喜欢 踢 足球。   D

11.

12.

13.

14.

15.

第 16-20 题

A

B

C

D

E

16. ☐

17. ☐

18. ☐

19. ☐

20. ☐

第 三 部 分

第 21-30 题

例如：男： Xiǎo Wáng, zhèli yǒu jǐ ge bēizi, nǎ ge shì nǐ de?
小 王，这里 有 几 个 杯子，哪 个 是 你 的？

女： Zuǒbian nà ge hóngsè de shì wǒ de.
左边 那 个 红色 的 是 我 的。

问： Xiǎo Wáng de bēizi shì shénme yánsè de?
小 王 的 杯子 是 什么 颜色 的？

      hóngsè   hēisè   báisè
A 红色 ✓   B 黑色   C 白色

21. A 对 身体 好 （duì shēntǐ hǎo）   B 觉得 快乐 （juéde kuàilè）   C 时间 很 多 （shíjiān hěn duō）

22. A 累 （lèi）   B 忙 （máng）   C 冷 （lěng）

23. A 唱 歌 （chàng gē）   B 游 泳 （yóu yǒng）   C 开 车 （kāi chē）

24. A 500 元 （yuán）   B 1000 元 （yuán）   C 1500 元 （yuán）

25. A 早上 （zǎoshang）   B 中午 （zhōngwǔ）   C 晚上 （wǎnshang）

26. A 水 （shuǐ）   B 苹果 （píngguǒ）   C 西瓜 （xīguā）

27. A 医院 （yīyuàn）   B 公司 （gōngsī）   C 商店 （shāngdiàn）

28. A 题 很 多 （tí hěn duō）   B 快点儿 做 （kuài diǎnr zuò）   C 别 考试 （bié kǎo shì）

29. A 洗 手 （xǐ shǒu）   B 做 饭 （zuò fàn）   C 踢 足球 （tī zúqiú）

30. A 生 病 了 （shēng bìng le）   B 起 床 晚 了 （qǐ chuáng wǎn le）   C 没 休息 好 （méi xiūxi hǎo）

第四部分

第 31-35 题

例如：女： Qǐng zài zhèr xiě nín de míngzi.
请 在 这儿 写 您 的 名字。

男： Shì zhèr ma?
是 这儿 吗？

女： Bú shì, shì zhèr.
不 是，是 这儿。

男： Hǎo, xièxie.
好，谢谢。

问： Nán de yào xiě shénme?
男 的 要 写 什么？

  A 名字 míngzi ✓   B 时间 shíjiān   C 房间 号 fángjiān hào

31. A 手机 shǒujī   B 电脑 diànnǎo   C 电视 diànshì

32. A 星期三 xīngqīsān   B 星期四 xīngqīsì   C 星期五 xīngqīwǔ

33. A 机场 jīchǎng   B 饭馆儿 fànguǎnr   C 学校 xuéxiào

34. A 不到一个月 bú dào yí ge yuè   B 六个多月 liù ge duō yuè   C 一年 yì nián

35. A 学习 xuéxí   B 运动 yùndòng   C 工作 gōngzuò

二、阅 读

第一部分

第 36-40 题

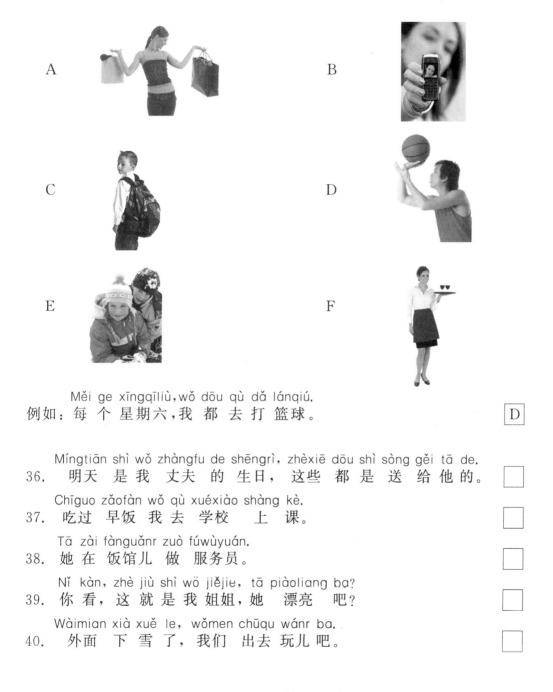

例如：Měi ge xīngqīliù, wǒ dōu qù dǎ lánqiú.
每 个 星期六，我 都 去 打 篮球。 D

36. Míngtiān shì wǒ zhàngfu de shēngrì, zhèxiē dōu shì sòng gěi tā de.
明天 是 我 丈夫 的 生日，这些 都 是 送 给 他 的。

37. Chīguo zǎofàn wǒ qù xuéxiào shàng kè.
吃过 早饭 我 去 学校 上 课。

38. Tā zài fànguǎnr zuò fúwùyuán.
她 在 饭馆儿 做 服务员。

39. Nǐ kàn, zhè jiù shì wǒ jiějie, tā piàoliang ba?
你 看，这 就 是 我 姐姐，她 漂亮 吧？

40. Wàimian xià xuě le, wǒmen chūqu wánr ba.
外面 下 雪 了，我们 出去 玩儿 吧。

第二部分

第 41-45 题

   shuō   jìn   zuǒbiān   qíng   guì   lù
  A 说 B 进 C 左边 D 晴 E 贵 F 路

    Zhèr de yángròu hěn hǎochī, dànshì yě hěn
例如：这儿的 羊肉 很 好吃，但是 也 很（ E ）。

    de diànnǎo shì wǒ de, bú shì māma de.
41.（ ）的 电脑 是 我 的，不 是 妈妈 的。

   Gēge, tiān yǐjīng   le, wǒmen chūqu wánr ba.
42. 哥哥，天 已经（ ）了，我们 出去 玩儿 吧。

   Nǐ dào le ma? Wǒ zài qù jīchǎng de shang.
43. 你 到 了 吗？我 在 去 机场 的（ ）上。

   Qǐng , zhè shì wǒ de fángjiān, nǐ zài zhèr xiūxi yíxià ba.
44. 请（ ），这 是 我 的 房间，你 在 这儿 休息 一下 吧。

    Qǐngwèn, Zhāng xiǎojiě xiànzài yǒu nánpéngyou le ma?
45. 女：请问， 张 小姐 现在 有 男朋友 了 吗？

    Duìbuqǐ, zhè ge wèntí wǒ bù xiǎng
  男：对不起，这 个 问题 我 不 想（ ）。

第三部分

第46-50题

例如：
现在 是 11 点 30 分，他们 已经 游了 20 分钟 了。

★ 他们 11 点 10 分 开始 游泳。　　　　　　　　（ √ ）

我 会 跳 舞，但 跳 得 不 怎么样。

★ 我 跳 得 非常 好。　　　　　　　　　　　　（ × ）

46. 我 希望 你 能 和 我 一起 去，因为 我 想 让 你 认识 一下 我 的 朋友。

★ 我 有 很 多 朋友。　　　　　　　　　　　　（ 　 ）

47. 下 个 星期三，25 号，就 是 我 丈夫 的 生日 了，你 说 我 送 他 什么 好 呢？

★ 我 没 想好 送 什么。　　　　　　　　　　　（ 　 ）

48. Zhè jiàn shì tā méi shuō, kěnéng shì bù xiǎng gàosu wǒmen, wǒmen yě bié
    这件事他没说，可能是不想告诉我们，我们也别

    wèn le, bù zhīdào yě hǎo.
    问了，不知道也好。

    Wǒ bù zhīdào zhè jiàn shì.
    ★ 我不知道这件事。   （   ）

49. Wǒ zài yí ge lí jiā hěn jìn de gōngsī gōngzuò, suǒyǐ zǎoshang bā diǎn qǐ
    我在一个离家很近的公司工作，所以早上八点起

    chuáng jiù kěyǐ, wǒ juéde zhèyàng zhēn hǎo.
    床就可以，我觉得这样真好。

    Wǒ jiā lí gōngsī hěn jìn.
    ★ 我家离公司很近。   （   ）

50. Zhè ge xiǎo māo lái wǒ jiā hái bú dào liǎng ge yuè, xiànzài yǐjīng sān gōngjīn
    这个小猫来我家还不到两个月，现在已经三公斤

    le, kàn lái, yào ràng tā duō zuò yùndòng le.
    了，看来，要让它多做运动了。

    Zhè ge māo xǐhuān chī dōngxī.
    ★ 这个猫喜欢吃东西。   （   ）

第四部分

第 51-55 题

A 这几个月公司事情少，我不太忙。

B 你知道哪个是李医生吗？

C 我每天起床后都要喝一杯白水。

D 明天要考试了，你准备得怎么样了？

E 他在哪儿呢？你看见他了吗？

F 外面天气怎么样？

例如：他还在教室里学习。 E

51. 他想和妻子一起去旅游。 ☐

52. 阴天了，很冷，你多穿点儿衣服。 ☐

53. 医生说这对身体很好。 ☐

54. 我还有很多书没看完呢。 ☐

55. 就是那个穿着红衣服的女人。 ☐

第 56-60 题

A 　Wǒ zhǔnbèi xué Hànyǔ, nǐ néng gěi wǒ jièshào yí ge lǎoshī ma?
　　我 准备 学 汉语，你 能 给 我 介绍 一 个 老师 吗？

B 　Wǎnshang tāmen xiǎng chūqu chī fàn.
　　晚上 他们 想 出去 吃饭。

C 　Bù shì shuō zài huǒchēzhàn jiàn ma? Nǐ zài nǎr ne?
　　不 是 说 在 火车站 见 吗？你 在 哪儿 呢？

D 　Tāmen liǎng ge rén shì fēicháng hǎo de péngyou.
　　他们 两 个 人 是 非常 好 的 朋友。

E 　Nǐ bié xiào, wǒ shuō de dōu shì zhēn de.
　　你 别 笑，我 说 的 都 是 真 的。

56. Wǒ xiǎng chī yángròu, qǐngwèn nǐmen zhèr yǒu ma?
　　我 想 吃 羊肉， 请问 你们 这儿 有 吗？　　☐

57. Wǒ zài shí nián qián jiù rènshi tā le.
　　我 在 十 年 前 就 认识 他 了。　　☐

58. Nǐ xiàng yòubian kàn, wǒ zài zhèr ne.
　　你 向 右边 看，我 在 这儿 呢。　　☐

59. Tā lái zhōngguó liǎng ge yuè le.
　　他 来 中国 两 个 月 了。　　☐

60. Wǒ jiā de xiǎo gǒu hěn ài kàn bàozhǐ.
　　我 家 的 小 狗 很 爱 看 报纸。　　☐

新汉语水平考试
HSK(二级)
全真模拟试题
(第8套)

注　　意

一、HSK（二级）分两部分：

　　1. 听力（35题，约25分钟）

　　2. 阅读（25题，22分钟）

二、听力结束后，有**3**分钟填写答题卡。

三、全部考试约55分钟（含考生填写个人信息时间5分钟）。

中国　北京　　　　　　　××××/××××××　编制

一、听力

第 一 部 分

第 1-10 题

例如：		✓
		×
1.		
2.		
3.		
4.		
5.		

6.		
7.		
8.		
9.		
10.		

第 二 部 分

第 11-15 题

A

B

C

D

E

F

例如：男：Nǐ xǐhuan shénme yùndòng?
　　　　你 喜欢 什么 运动？

　　　女：Wǒ zuì xǐhuan tī zúqiú.
　　　　我 最 喜欢 踢 足球。　　　　　　 E

11.
12.
13.
14.
15.

第 16-20 题

A
B
C
D
E

16. ☐

17. ☐

18. ☐

19. ☐

20. ☐

— 4 —

第 三 部 分

第 21-30 题

例如：男： Xiǎo Wáng, zhèli yǒu jǐ ge bēizi, nǎ ge shì nǐ de?
　　　　 小 王，这里 有 几 个 杯子，哪 个 是 你 的？

　　　 女： Zuǒbian nà ge hóngsè de shì wǒ de.
　　　　 左边 那 个 红色 的 是 我 的。

　　　 问： Xiǎo Wáng de bēizi shì shénme yánsè de?
　　　　 小 王 的 杯子 是 什么 颜色 的？

　　　 A hóngsè 红色 ✓　　　B hēisè 黑色　　　C báisè 白色

21. A 四月 十 号 (sìyuè shí hào)　　B 七月 四 号 (qīyuè sì hào)　　C 十月 七 号 (shíyuè qī hào)

22. A 饭店 (fàndiàn)　　B 家里 (jiāli)　　C 公司 (gōngsī)

23. A 唱 歌 (chàng gē)　　B 学习 (xuéxí)　　C 跳 舞 (tiào wǔ)

24. A 生 病 了 (shēng bìng le)　　B 起 床 晚 了 (qǐ chuáng wǎn le)　　C 下 班 晚 了 (xià bān wǎn le)

25. A 王 老师 不 在 (wáng lǎoshī bú zài)　　B 没有 这 个 人 (méiyǒu zhè ge rén)　　C 不 认识 男 的 (bú rènshi nán de)

26. A 请 人 吃 饭 (qǐng rén chī fàn)　　B 去 朋友家 (qù péngyoujiā)　　C 到 北京 旅游 (dào Běijīng lǚyóu)

27. A 后面 (hòumian)　　B 左边 (zuǒbian)　　C 下面 (xiàmian)

28. A 牛肉 (niúròu)　　B 水果 (shuǐguǒ)　　C 鱼 (yú)

29. A 要 回 国 了 (yào huí guó le)　　B 考完 试 了 (kǎowán shì le)　　C 能 看 电影 了 (néng kàn diànyǐng le)

30. A 电脑 (diànnǎo)　　B 手表 (shǒubiǎo)　　C 手机 (shǒujī)

第 四 部 分

第 31-35 题

例如：女： Qǐng zài zhèr xiě nín de míngzi.
请 在 这儿 写 您 的 名字。

男： Shì zhèr ma?
是 这儿 吗？

女： Bú shì, shì zhèr.
不 是，是 这儿。

男： Hǎo, xièxie.
好，谢谢。

问： Nán de yào xiě shénme?
男 的 要 写 什么？

A míngzi 名字 ✓   B shíjiān 时间   C fángjiān hào 房间 号

31. A zǒu lù 走 路   B zuò qìchē 坐 汽车   C zuò chūzūchē 坐 出租车

32. A kàn diànnǎo 看 电脑   B xiě Hànzì 写 汉字   C wèn lǎoshī 问 老师

33. A chá 茶   B niúnǎi 牛奶   C kāfēi 咖啡

34. A hěn lěng 很 冷   B qíngtiān 晴天   C xià xuě 下 雪

35. A děng gēge 等 哥哥   B sòng péngyou 送 朋友   C qù Běijīng 去 北京

二、阅 读

第 一 部 分

第 36-40 题

A B C D E F

Měi ge xīngqīliù, wǒ dōu qù dǎ lánqiú.
例如：每 个 星期六，我 都 去 打 篮球。   D

Zhè shì sòng nǐ de shǒujī, shēngrì kuàilè!
36. 这 是 送 你 的 手机， 生日 快乐！   ☐

Nǐ xiān bié chuān, xīn yīfu yào xǐxi zài chuān.
37. 你 先 别 穿， 新 衣服 要 洗洗 再 穿。   ☐

Nín màn zǒu, huānyíng xià cì zài lái.
38. 您 慢 走， 欢迎 下 次 再 来。   ☐

Gōngsī lí jiā bù yuǎn, wǒ tiāntiān zǒu lù shàng bān.
39. 公司 离 家 不 远， 我 天天 走 路 上 班。   ☐

Bié zhǎo le, yào bú shì zài zhuōzi shang ma?
40. 别 找 了，药 不 是 在 桌子 上 吗？   ☐

第二部分

第 41-45 题

A 阴 yīn   B 知道 zhīdào   C 从 cóng   D 非常 fēicháng   E 贵 guì   F 船 chuán

例如：这儿的 羊肉 很 好吃，但是 也 很 （ E ）。

41. 坐（ ）去 旅游 是 便宜，但是 时间 太 长 了。

42. 外面 天（ ）了，可能 要 下 雨 了。

43. 还有 十 分钟，（ ）右边 的 小路 走 可以 快 些。

44. 我 姐姐 的 女儿 两 岁 了，会 说 很 多 话，（ ）好玩儿。

45. 女：老师 的 意思 你 懂 吗？
    男：我 也 不（ ），我们 再 去 问问 吧。

第三部分

第 46-50 题

例如：
Xiànzài shì diǎn fēn, tāmen yǐjīng leyóu fēnzhōng le.
现在 是 11 点 30 分，他们 已经 游了 20 分钟 了。

★ Tāmen diǎn fēn kāishǐ yóu yǒng.
他们 11 点 10 分 开始 游 泳。 　　　　　　　　(✓)

Wǒ huì tiào wǔ, dàn tiào de bù zěnmeyàng.
我 会 跳 舞，但 跳 得 不 怎么样。

★ Wǒ tiào de fēicháng hǎo.
我 跳 得 非常 好。 　　　　　　　　(✗)

46. Wǒ bǐ jiějie xiǎo liǎng suì, dànshì bǐ jiějie gāo, wǒmen zài yìqǐ, biérén dōu juéde wǒ shì jiějie.
我 比 姐姐 小 两 岁，但是 比 姐姐 高，我们 在 一起，别人 都 觉得 我 是 姐姐。

★ Jiějie bǐ wǒ gāo yìxiē.
姐姐 比 我 高 一些。 　　　　　　　　( )

47. Duìbuqǐ, bù néng hé nǐ qù tī qiú le. Míngtiān yǒu kǎoshì, wǒ xiǎng hǎohao zhǔnbèi zhǔnbèi.
对不起，不 能 和 你 去 踢 球 了。明天 有 考试，我 想 好好 准备 准备。

★ Wǒ zhǔnbèi qù tī zúqiú.
我 准备 去 踢 足球。 　　　　　　　　( )

48. 这件新衣服是朋友送我的,不大不小,颜色也是我喜欢的白色。

★ 我喜欢这件衣服。　　　　　　　　　　　　　（　）

49. 我现在喜欢在电脑上买飞机票,因为有时能找到非常便宜的机票。

★ 电脑上有些机票很便宜。　　　　　　　　　　（　）

50. 跑完了步大家都很想喝水,但是这样对身体不好,应该休息三十分钟后再喝水。

★ 跑完步后就应该喝水。　　　　　　　　　　　（　）

第四部分

第51-55题

A Tā shì wǒ nánpéngyou de dìdi.
   他是我男朋友的弟弟。

B Zhè zhāng zhuōzi nǐ juéde zěnmeyàng?
   这张桌子你觉得怎么样？

C Nà wǒ kāi chē sòng nǐ qù xuéxiào, nǐ xiūxi yíxià wǒmen zài qù chī fàn.
   那我开车送你去学校，你休息一下我们再去吃饭。

D Duìbuqǐ, nǐ dǎcuò le.
   对不起，你打错了。

E Tā zài nǎr ne? Nǐ kànjiàn tā le ma?
   他在哪儿呢？你看见他了吗？

F Nǐ méi xiǎngdào ba, tā zhǔnbèi chū guó xuéxí le.
   你没想到吧，他准备出国学习了。

例如：Tā hái zài jiàoshì lǐ xuéxí.
      他还在教室里学习。   E

51. Qǐngwèn, Cháng yīshēng zài jiā ma?
    请问，常医生在家吗？   ☐

52. Zhè jiàn shì wǒ zǎo jiù zhīdào le!
    这件事我早就知道了！   ☐

53. Nà ge gāogāo de zài dǎ shǒujī de rén shì shéi?
    那个高高的在打手机的人是谁？   ☐

54. Zuòle zhème cháng shíjiān de huǒchē, zhēn lèi a.
    坐了这么长时间的火车，真累啊。   ☐

55. Yánsè bú tài hǎo, kàn shangqu bù zěnme xīn.
    颜色不太好，看上去不怎么新。   ☐

第 56-60 题

A Nǐ yǎnjing bù hǎo, kāi chē màn yìdiǎnr.
   你 眼睛 不 好，开 车 慢 一点儿。

B Wǒ de shǒujī ne? Zěnme zhǎo bu dào le?
   我 的 手机 呢？怎么 找 不 到 了？

C Zài lái diǎnr shuǐguǒ, zěnmeyàng?
   再 来 点儿 水果，怎么样？

D Zhè ge xīngqī yīyuàn shìqing duō, méi shíjiān kàn.
   这 个 星期 医院 事情 多，没 时间 看。

E Nà wǒmen yìqǐ qù dǎ lánqiú ba.
   那 我们 一起 去 打 篮球 吧。

56. Zhème duō cài, zhēn de bù néng zài yào le.
    这么 多 菜，真 的 不 能 再 要 了。 ☐

57. Nà běn shū nǐ kànwán le ma?
    那 本 书 你 看完 了 吗？ ☐

58. Mā, wǒ wǎnshang yào qù jīchǎng jiē péngyou.
    妈，我 晚上 要 去 机场 接 朋友。 ☐

59. Bàozhǐ shang shuō míngtiān tiān qíng le, bú xià xuě le.
    报纸 上 说 明天 天 晴 了，不 下 雪 了。 ☐

60. Méi guānxi, wǒ gěi nǐ dǎ ge diànhuà, nǐ tīngting.
    没 关系，我 给 你 打 个 电话，你 听听。 ☐

新汉语水平考试
HSK（二级）
全真模拟试题
（第9套）

注　　意

一、HSK（二级）分两部分：

　　1. 听力（35题，约25分钟）

　　2. 阅读（25题，22分钟）

二、听力结束后，有**3分钟**填写答题卡。

三、全部考试约55分钟（含考生填写个人信息时间5分钟）。

中国　北京　　　　　　　　　××××/××××××　　编制

一、听力

第 一 部 分

第1-10题

例如：		✓
		×
1.		
2.		
3.		
4.		
5.		

6.		
7.		
8.		
9.		
10.		

第 二 部 分

第 11-15 题

A   B

C   D

E   F

例如：男：Nǐ xǐhuan shénme yùndòng?
    你 喜欢 什么 运动？
    女：Wǒ zuì xǐhuan tī zúqiú.
    我 最 喜欢 踢 足球。   D

11.
12.
13.
14.
15.

第 16-20 题

A

B

C

D

E

16. ☐

17. ☐

18. ☐

19. ☐

20. ☐

— 4 —

第三部分

第 21-30 题

例如：男： Xiǎo Wáng, zhèli yǒu jǐ ge bēizi, nǎ ge shì nǐ de?
　　　　 小 王，这里 有 几 个 杯子，哪 个 是 你 的？

　　　女： Zuǒbian nà ge hóngsè de shì wǒ de.
　　　　 左边 那 个 红色 的 是 我 的。

　　　问： Xiǎo Wáng de bēizi shì shénme yánsè de?
　　　　 小 王 的 杯子 是 什么 颜色 的？

　　　A hóngsè 红色 ✓　　　B hēisè 黑色　　　C báisè 白色

21. A bù néng qù 不 能 去　　B bù xiǎng kǎoshì 不 想 考试　　C tiānqì bù hǎo 天气 不 好

22. A xǐ cài 洗 菜　　B xiūxi 休息　　C kàn diànnǎo 看 电脑

23. A míngtiān 明天　　B xīngqītiān 星期天　　C xià xīngqī 下 星期

24. A qù wǎn le 去 晚 了　　B méiyǒu piào 没有 票　　C xǐhuan kàn shū 喜欢 看 书

25. A bú tài dà 不太 大　　B cài bù hǎo chī 菜 不 好 吃　　C fúwù búcuò 服务 不错

26. A shāngdiàn 商店　　B jiāli 家里　　C gōngsī 公司

27. A xiǎng chànggē 想 唱歌　　B shēng bìng le 生 病 了　　C yǒuxiē lèi 有些 累

28. A diànshì 电视　　B bàozhǐ 报纸　　C diànnǎo 电脑

29. A xià xuě le 下 雪 了　　B bú tài lěng 不太 冷　　C shì yīntiān 是 阴天

30. A liù diǎn shí fēn 六 点 十 分　　B wǔ diǎn bàn 五 点 半　　C liù diǎn 六 点

第四部分

第 31-35 题

例如：
女：Qǐng zài zhèr xiě nín de míngzi.
请 在 这儿 写 您 的 名字。

男：Shì zhèr ma?
是 这儿 吗？

女：Bú shì, shì zhèr.
不 是，是 这儿。

男：Hǎo, xièxie.
好，谢谢。

问：Nán de yào xiě shénme?
男 的 要 写 什么？

A 名字 míngzi ✓   B 时间 shíjiān   C 房间号 fángjiān hào

31. A 书店 shūdiàn   B 饭馆儿 fànguǎnr   C 教室 jiàoshì

32. A 工作 gōngzuò   B 吃饭 chī fàn   C 运动 yùndòng

33. A 不喜欢 bù xǐhuan   B 学校离家远 xuéxiào lí jiā yuǎn   C 在外面有工作 zài wàimian yǒu gōngzuò

34. A 旅游 lǚyóu   B 送朋友 sòng péngyou   C 准备考试 zhǔnbèi kǎoshì

35. A 手表 shǒubiǎo   B 手机 shǒujī   C 衣服 yīfu

二、阅 读

第一部分

第 36-40 题

Měi ge xīngqīliù, wǒ dōu qù dǎ lánqiú.
例如：每 个 星期六，我 都 去 打 篮球。　　D

Wǒ mèimei wǔ suì le, fēicháng xǐhuan tiào wǔ.
36. 我 妹妹 五 岁 了，非常 喜欢 跳 舞。

Yuán xiānshēng de fángjiān? Xiàng qián zǒu wǔ fēnzhōng jiù dào le.
37. 元 先生 的 房间？向 前 走 五 分钟 就 到 了。

Nǐ xīn mǎi de hóngsè shǒujī zhēn piàoliang.
38. 你 新 买 的 红色 手机 真 漂亮。

Zhè shì wǒ dì-yī cì zuò chuán lǚyóu, wǒ juéde hěn hǎowánr.
39. 这 是 我 第一 次 坐 船 旅游，我 觉得 很 好玩儿。

Xiǎojiě, nín kànkan, xǐhuan shénme cài?
40. 小姐，您 看看，喜欢 什么 菜？

第二部分

第41-45题

      A 报纸   B 对   C 最   D 穿   E 贵   F 快乐

例如：这儿的 羊肉 很 好吃，但是 也 很（ E ）。

41. 他 没有 太 多 的 钱，但是 他 每 天 都 很（ ）。

42. 这 几 天 太 忙 了，忙 得 都 没有 时间 看（ ）了。

43. 妹妹 笑着（ ）我 说："哥哥，我 生日 的 时候 你 送 我 什么？"

44. 我 觉得 这 个 汉字 你 写 得（ ）漂亮。

45. 女：衣服（ ）了 几 天 了，妈妈 给 你 洗洗 吧！
    男：妈，我 踢完 足球 回来 再 洗 吧。

第三部分

第 46-50 题

例如：
Xiànzài shì diǎn fēn, tāmen yǐjīng yóule fēnzhōng le.
现在 是 11 点 30 分，他们 已经 游了 20 分钟 了。

Tāmen diǎn fēn kāishǐ yóu yǒng.
★ 他们 11 点 10 分 开始 游泳。　　　　　　　　　　（ √ ）

Wǒ huì tiào wǔ, dàn tiào de bù zěnmeyàng.
我 会 跳舞，但 跳得 不 怎么样。

Wǒ tiào de fēicháng hǎo.
★ 我 跳得 非常 好。　　　　　　　　　　　　　　　（ × ）

46. Érzi shì dì-yī cì hé tóngxué qù lǚyóu, tā hěn zǎo jiù kāishǐ zhǔnbèi dōngxi le.
儿子 是 第一 次 和 同学 去 旅游，他 很 早 就 开始 准备 东西 了。

Érzi zhǔnbèi qù tóngxuéjiā.
★ 儿子 准备 去 同学家。　　　　　　　　　　　　　（   ）

47. Nà ge gāogāo de piàoliang nǚháir shì wǒ de hǎo péngyou, tā shì Zhāng
那个 高高 的 漂亮 女孩儿 是 我 的 好 朋友，她 是 张
lǎoshī de nǚ'ér.
老师 的 女儿。

Tā bú rènshi nà ge nǚháizi.
★ 她 不 认识 那个 女孩子。　　　　　　　　　　　（   ）

48. Wǒ jiā de xiǎo māo xǐhuan chī yú, hái xǐhuan hē niúnǎi, māmā shuō tā chī
我 家 的 小 猫 喜欢 吃 鱼，还 喜欢 喝 牛奶，妈妈 说 它 吃
de bǐ wǒ hái hǎo.
得 比 我 还 好。

Wǒ jiā de xiǎo māo xǐhuan hē shuǐ.
★ 我家 的 小 猫 喜欢 喝 水。　　　　　　　　　　　（   ）

49. měi cì wǒ yǒu bù dǒng de wèntí, dàjiā dōu lái bāngzhù wǒ, wǒ zhēnde hěn
    每次我有不懂的问题,大家都来帮助我,我真的很

    gāoxìng hé nǐmen yìqǐ gōngzuò.
    高兴和你们一起工作。

    Tā xǐhuan hé dàjiā yìqǐ gōngzuò.
    ★ 他喜欢和大家一起工作。　　　　　　　　　　（　）

50. Wǒ xiǎng mǎi yì zhāng báisè de diànnǎozhuō, dànshì qùle hěn duō
    我想买一张白色的电脑桌,但是去了很多

    shāngdiàn, dōu méiyǒu zhǎodào wǒ xǐhuan de.
    商店,都没有找到我喜欢的。

    Wǒ hái méi mǎidào diànnǎozhuō.
    ★ 我还没买到电脑桌。　　　　　　　　　　　　（　）

第四部分

第51-55题

A 那边有个人，去问一问吧。

B 这次考试我考得很好。

C 这家饭馆的菜怎么样？

D 请等一下，我让他来听电话。

E 他在哪儿呢？你看见他了吗？

F 真希望明天是个晴天。

例如：他还在教室里学习。　　E

51. 我请你去吃一次，你就知道了。

52. 请问，高医生在家吗？

53. 走了这么长时间，怎么还没到？

54. 因为你准备得非常好。

55. 电视上已经说了，明天还有雨。

第 56-60 题

A Mā, wǒ jièshào yíxià, zhè shì Xiǎotiān.
   妈，我 介绍 一下，这是 小天。

B Nǐ de shǒujī yí ge yuè yào dǎ duōshǎo qián de diànhuà?
   你的手机一个月要打多少钱的电话？

C Nà wǒmen mǎi diǎnr shuǐguǒ zài qù ba.
   那我们买点儿水果再去吧。

D Zhè shì wǒ kànguo de zuì hǎokàn de diànyǐng le.
   这是我看过的最好看的电影了。

E Méi guānxi, hái yǒu sān ge xiǎoshí ne.
   没关系，还有三个小时呢。

56. Lǎo Wáng shēng bìng le, wǒmen qù kànkan tā ba.
    老王生病了，我们去看看他吧。

57. Huānyíng huānyíng, bié zhàn zài mén wài, kuài qǐngjìn!
    欢迎 欢迎，别站在门外，快请进！

58. Kuài chī ba, zuò chūzūchē dào jīchǎng yào sìshí fēnzhōng ne.
    快吃吧，坐出租车到机场要四十分钟呢。

59. Nǐ kànguò le? Juéde zěnmeyàng?
    你看过了？觉得怎么样？

60. Wǒ dǎ de bù duō, sānshí kuài ba.
    我打得不多，三十块吧。

新汉语水平考试
HSK（二级）
全真模拟试题
（第 10 套）

注　　意

一、HSK（二级）分两部分：

　　1. 听力（35题，约25分钟）

　　2. 阅读（25题，22分钟）

二、听力结束后，有**3分钟**填写答题卡。

三、全部考试约55分钟（含考生填写个人信息时间5分钟）。

中国　北京　　　　　　　××××/×××××× 编制

一、听 力

第 一 部 分

第 1-10 题

例如:		✓
		×
1.		
2.		
3.		
4.		
5.		

6.		
7.		
8.		
9.		
10.		

第 二 部 分

第 11-15 题

A

B

C

D

E

F

例如：男：Nǐ xǐhuan shénme yùndòng?
你 喜欢 什么 运动？

女：Wǒ zuì xǐhuan tī zúqiú.
我 最 喜欢 踢 足球。   [D]

11. ☐
12. ☐
13. ☐
14. ☐
15. ☐

第 16-20 题

A

B

C

D

E

16.

17.

18.

19.

20.

第三部分

第 21-30 题

例如：男：Xiǎo Wáng, zhèli yǒu jǐ ge bēizi, nǎ ge shì nǐ de?
小 王，这里 有 几 个 杯子，哪 个 是 你 的？
女：Zuǒbian nà ge hóngsè de shì wǒ de.
左边 那 个 红色 的 是 我 的。
问：Xiǎo Wáng de bēizi shì shénme yánsè de?
小 王 的 杯子 是 什么 颜色 的？

  hóngsè   hēisè   báisè
A 红色 ✓   B 黑色   C 白色

21. A 电脑（diànnǎo）   B 咖啡（kāfēi）   C 杯子（bēizi）

22. A 不想上课（bù xiǎng shàng kè）   B 今天休息（jīntiān xiūxi）   C 准备起床（zhǔnbèi qǐ chuáng）

23. A 学生（xuéshēng）   B 姐姐（jiějie）   C 同学（tóngxué）

24. A 事没做完（shì méi zuòwán）   B 不想回家（bù xiǎng huí jiā）   C 在等朋友（zài děng péngyou）

25. A 十（shí）   B 七（qī）   C 四（sì）

26. A 饭店（fàndiàn）   B 学校（xuéxiào）   C 公司（gōngsī）

27. A 看错人了（kàncuò rén le）   B 想儿子了（xiǎng érzi le）   C 要出国了（yào chū guó le）

28. A 不想帮她（bù xiǎng bāng tā）   B 想回答她（xiǎng huídá tā）   C 他不知道（tā bù zhīdào）

29. A 下雪了（xià xuě le）   B 非常冷（fēicháng lěng）   C 比昨天热（bǐ zuótiān rè）

30. A 去看医生（qù kàn yīshēng）   B 坐车上班（zuò chē shàngbān）   C 帮他开车（bāng tā kāi chē）

第 四 部 分

第 31-35 题

例如：女：请 在 这儿 写 您的 名字。
　　　　Qǐng zài zhèr xiě nín de míngzi.

　　　男：是 这儿 吗？
　　　　Shì zhèr ma?

　　　女：不 是，是 这儿。
　　　　Bú shì, shì zhèr.

　　　男：好，谢谢。
　　　　Hǎo, xièxie.

　　　问：男的 要 写 什么？
　　　　Nán de yào xiě shénme?

　　　A 名字 ✓　　　　B 时间　　　　C 房间 号
　　　　míngzi　　　　　shíjiān　　　　fángjiān hào

31. A 买 茶　　　　B 做 饭　　　　C 买 菜
　　 mǎi chá　　　　zuò fàn　　　　mǎi cài

32. A 离 学校 近　　B 很 贵　　　　C 旁边 没 汽车
　　 lí xuéxiào jìn　　hěn guì　　　　pángbiān méi qìchē

33. A 小 猫　　　　B 小 鱼　　　　C 小 狗
　　 xiǎo māo　　　xiǎo yú　　　　xiǎo gǒu

34. A 唱 歌　　　　B 跳 舞　　　　C 游 泳
　　 chàng gē　　　tiào wǔ　　　　yóu yǒng

35. A 红色　　　　B 白色　　　　C 黑色
　　 hóngsè　　　　báisè　　　　　hēisè

二、阅 读

第一部分

第 36-40 题

A B C D E F

Měi ge xīngqīliù, wǒ dōu qù dǎ lánqiú.
例如：每 个 星期六，我 都 去 打 篮球。　　D

Tā shēntǐ bú tài hǎo, xiànzài zhù yuàn le.
36. 他 身体 不 太 好， 现在 住 院 了。

Nǐ tiào de tài piàoliang le, zài gěi dàjiā tiào yí ge ba.
37. 你 跳 得 太 漂亮 了，再 给 大家 跳 一 个 吧。

Zhǔnbèihǎo le ma? Wǒ shuō yī èr sān, dàjiā yìqǐ xiào yí ge.
38. 准备 好 了 吗？我 说 一 二 三，大家 一起 笑 一 个。

Dàjīng Chūzūchē Gōngsī de diànhuà shì wǔ èr sān sì qī bā líng.
39. 大京 出租车 公司 的 电话 是 五二三四七八零。

Tā xǐhuān qù zúqiúchǎng kàn érzi tī zúqiú.
40. 她 喜欢 去 足球场 看 儿子 踢 足球。

— 7 —

第二部分

第 41-45 题

   A 问题 B 准备 C 累 D 真 E 贵 F 旁边

例如：这儿的羊肉很好吃，但是也很（ E ）。

41. 你的（　　）我现在还不能回答你。

42. 这张桌子的颜色（　　）漂亮，我非常喜欢。

43. 我们公司离你们学校很近，就在（　　）。

44. 昨天和朋友踢了一天的足球，今天觉得很（　　）。

45. 女：明天就要考试了，你（　　）了吗？
   男：书我都看完了，没问题！

第三部分

第 46-50 题

例如：现在 是 11 点 30 分，他们 已经 游了 20 分钟 了。

★ 他们 11 点 10 分 开始 游泳。　　　　　　　　　　（ ✓ ）

我 会 跳舞，但 跳 得 不 怎么样。

★ 我 跳 得 非常 好。　　　　　　　　　　（ ✗ ）

46. 因为 我 学 的 是 电脑，所以 我 想 到 你们 公司 工作。

★ 我 在 找 工作。　　　　　　　　　　（　）

47. 星期天 女朋友 来 我 家 了，她 非常 喜欢 吃 我 妈妈 做 的 菜。

★ 我 妈妈 没 见过 我 女朋友。　　　　　　　　　　（　）

48. 丈夫 的 生日 快 到 了，我 想 送 他 一 块 新 手表。

★ 我 想 送 丈夫 东西。　　　　　　　　　　（　）

49. Tā shì 2010 nián lái zhōngguó de, xiànzài yǐjīng xuéle liǎng nián de Hànyǔ le.
    他是2010年来中国的，现在已经学了两年的汉语了。

    ★ Xiànzài shì 2012 nián.
      现在是2012年。　　　　　　　　　　　　　　　（　　）

50. Yīyuàn xiǎng ràng tā qù Běijīng xuéxí yì nián, dànshì tā háizi bù xiǎng ràng tā qù.
    医院想让她去北京学习一年，但是她孩子不想让她去。

    ★ Tā bù xiǎng ràng háizǐ qù Běijīng.
      她不想让孩子去北京。　　　　　　　　　　　（　　）

第四部分

第51-55题

A 这个电脑很贵吧？

B 学校不太大，但是同学们对我很好。

C 对不起，让你等这么长时间。

D 你找高老师有什么事吗？

E 他在哪儿呢？你看见他了吗？

F 今天是你生日，我请你到外面吃饭吧。

例如：他还在教室里学习。　E

51. 没关系，我们现在进去吧。

52. 新年的时候买的，比别的时候便宜。

53. 我想问问他考试的时间。

54. 你觉得新学校怎么样？

55. 怎么今天没准备饭菜？

第 56-60 题

A 这 是 我 家里 的 电话。

B 不是，一个 朋友 想 让 我 帮 他 找 个 房子。

C 快 八 点 了，我 要 去 学校 了。

D 下了 班 我 去 公司 找 你，我们 一起 去 看 他们。

E 下雨了，我 开 车 送 你 回去 吧。

56. 早饭 已经 准备 好 了，吃了 再 去 吧。

57. 你 是 不 是 想 要 买 新 房子 了？

58. 我 家 离 这儿 不 远，我 走 路 回去 就 可以 了。

59. 很 长 时间 没 去 看 爸爸 妈妈 了。

60. 书 到 了 我们 就 打 电话 给 您。

新汉语水平考试
HSK（二级）答题卡

姓名 _____

国籍 [0][1][2][3][4][5][6][7][8][9]
[0][1][2][3][4][5][6][7][8][9]
[0][1][2][3][4][5][6][7][8][9]

性别 男 [1]　女 [2]

序号 [0][1][2][3][4][5][6][7][8][9]
[0][1][2][3][4][5][6][7][8][9]
[0][1][2][3][4][5][6][7][8][9]
[0][1][2][3][4][5][6][7][8][9]
[0][1][2][3][4][5][6][7][8][9]

考点 [0][1][2][3][4][5][6][7][8][9]
[0][1][2][3][4][5][6][7][8][9]
[0][1][2][3][4][5][6][7][8][9]

年龄 [0][1][2][3][4][5][6][7][8][9]
[0][1][2][3][4][5][6][7][8][9]

学习汉语的时间：

6个月以下 [1]　　6个月—1年 [2]
1年—18个月 [3]　　18个月—2年 [4]
2年—3年 [5]　　3年以上 [6]

你是华裔吗？
是 [1]　　　不是 [2]

注意　请用2B铅笔这样写：■

一、听力

1. [√] [×]　6. [√] [×]　11. [A] [B] [C] [D] [E] [F]
2. [√] [×]　7. [√] [×]　12. [A] [B] [C] [D] [E] [F]
3. [√] [×]　8. [√] [×]　13. [A] [B] [C] [D] [E] [F]
4. [√] [×]　9. [√] [×]　14. [A] [B] [C] [D] [E] [F]
5. [√] [×]　10. [√] [×]　15. [A] [B] [C] [D] [E] [F]

16. [A] [B] [C] [D] [E] [F]　21. [A] [B] [C]　26. [A] [B] [C]　31. [A] [B] [C]
17. [A] [B] [C] [D] [E] [F]　22. [A] [B] [C]　27. [A] [B] [C]　32. [A] [B] [C]
18. [A] [B] [C] [D] [E] [F]　23. [A] [B] [C]　28. [A] [B] [C]　33. [A] [B] [C]
19. [A] [B] [C] [D] [E] [F]　24. [A] [B] [C]　29. [A] [B] [C]　34. [A] [B] [C]
20. [A] [B] [C] [D] [E] [F]　25. [A] [B] [C]　30. [A] [B] [C]　35. [A] [B] [C]

二、阅读

36. [A] [B] [C] [D] [E] [F]　41. [A] [B] [C] [D] [E] [F]
37. [A] [B] [C] [D] [E] [F]　42. [A] [B] [C] [D] [E] [F]
38. [A] [B] [C] [D] [E] [F]　43. [A] [B] [C] [D] [E] [F]
39. [A] [B] [C] [D] [E] [F]　44. [A] [B] [C] [D] [E] [F]
40. [A] [B] [C] [D] [E] [F]　45. [A] [B] [C] [D] [E] [F]

46. [√] [×]　51. [A] [B] [C] [D] [E] [F]　56. [A] [B] [C] [D] [E] [F]
47. [√] [×]　52. [A] [B] [C] [D] [E] [F]　57. [A] [B] [C] [D] [E] [F]
48. [√] [×]　53. [A] [B] [C] [D] [E] [F]　58. [A] [B] [C] [D] [E] [F]
49. [√] [×]　54. [A] [B] [C] [D] [E] [F]　59. [A] [B] [C] [D] [E] [F]
50. [√] [×]　55. [A] [B] [C] [D] [E] [F]　60. [A] [B] [C] [D] [E] [F]

新 汉 语 水 平 考 试
HSK（二级）答题卡

姓名	

国籍	[0] [1] [2] [3] [4] [5] [6] [7] [8] [9] [0] [1] [2] [3] [4] [5] [6] [7] [8] [9] [0] [1] [2] [3] [4] [5] [6] [7] [8] [9]

性别	男 [1]　　女 [2]

序号	[0] [1] [2] [3] [4] [5] [6] [7] [8] [9] [0] [1] [2] [3] [4] [5] [6] [7] [8] [9] [0] [1] [2] [3] [4] [5] [6] [7] [8] [9] [0] [1] [2] [3] [4] [5] [6] [7] [8] [9]

考点	[0] [1] [2] [3] [4] [5] [6] [7] [8] [9] [0] [1] [2] [3] [4] [5] [6] [7] [8] [9] [0] [1] [2] [3] [4] [5] [6] [7] [8] [9]

年龄	[0] [1] [2] [3] [4] [5] [6] [7] [8] [9] [0] [1] [2] [3] [4] [5] [6] [7] [8] [9]

学习汉语的时间：

6个月以下　[1]　　　6个月—1年　[2]
1年—18个月　[3]　　18个月—2年　[4]
2年—3年　[5]　　　　3年以上　[6]

你是华裔吗？
是 [1]　　不是 [2]

注意　请用2B铅笔这样写：■

一、听 力

1. [√] [×]　　　6. [√] [×]　　　11. [A] [B] [C] [D] [E] [F]
2. [√] [×]　　　7. [√] [×]　　　12. [A] [B] [C] [D] [E] [F]
3. [√] [×]　　　8. [√] [×]　　　13. [A] [B] [C] [D] [E] [F]
4. [√] [×]　　　9. [√] [×]　　　14. [A] [B] [C] [D] [E] [F]
5. [√] [×]　　　10. [√] [×]　　　15. [A] [B] [C] [D] [E] [F]

16. [A] [B] [C] [D] [E] [F]　　21. [A] [B] [C]　　26. [A] [B] [C]　　31. [A] [B] [C]
17. [A] [B] [C] [D] [E] [F]　　22. [A] [B] [C]　　27. [A] [B] [C]　　32. [A] [B] [C]
18. [A] [B] [C] [D] [E] [F]　　23. [A] [B] [C]　　28. [A] [B] [C]　　33. [A] [B] [C]
19. [A] [B] [C] [D] [E] [F]　　24. [A] [B] [C]　　29. [A] [B] [C]　　34. [A] [B] [C]
20. [A] [B] [C] [D] [E] [F]　　25. [A] [B] [C]　　30. [A] [B] [C]　　35. [A] [B] [C]

二、阅 读

36. [A] [B] [C] [D] [E] [F]　　41. [A] [B] [C] [D] [E] [F]
37. [A] [B] [C] [D] [E] [F]　　42. [A] [B] [C] [D] [E] [F]
38. [A] [B] [C] [D] [E] [F]　　43. [A] [B] [C] [D] [E] [F]
39. [A] [B] [C] [D] [E] [F]　　44. [A] [B] [C] [D] [E] [F]
40. [A] [B] [C] [D] [E] [F]　　45. [A] [B] [C] [D] [E] [F]

46. [√] [×]　　51. [A] [B] [C] [D] [E] [F]　　56. [A] [B] [C] [D] [E] [F]
47. [√] [×]　　52. [A] [B] [C] [D] [E] [F]　　57. [A] [B] [C] [D] [E] [F]
48. [√] [×]　　53. [A] [B] [C] [D] [E] [F]　　58. [A] [B] [C] [D] [E] [F]
49. [√] [×]　　54. [A] [B] [C] [D] [E] [F]　　59. [A] [B] [C] [D] [E] [F]
50. [√] [×]　　55. [A] [B] [C] [D] [E] [F]　　60. [A] [B] [C] [D] [E] [F]

新 汉 语 水 平 考 试
HSK（二级）答题卡

姓名

国籍 [0][1][2][3][4][5][6][7][8][9]
     [0][1][2][3][4][5][6][7][8][9]
     [0][1][2][3][4][5][6][7][8][9]

序号 [0][1][2][3][4][5][6][7][8][9]
     [0][1][2][3][4][5][6][7][8][9]
     [0][1][2][3][4][5][6][7][8][9]
     [0][1][2][3][4][5][6][7][8][9]
     [0][1][2][3][4][5][6][7][8][9]

性别 男 [1] 女 [2]

考点 [0][1][2][3][4][5][6][7][8][9]
     [0][1][2][3][4][5][6][7][8][9]
     [0][1][2][3][4][5][6][7][8][9]

年龄 [0][1][2][3][4][5][6][7][8][9]
     [0][1][2][3][4][5][6][7][8][9]

学习汉语的时间：

6个月以下 [1]   6个月—1年 [2]

1年—18个月 [3]   18个月—2年 [4]

2年—3年 [5]   3年以上 [6]

你是华裔吗？

是 [1]   不是 [2]

注意 请用2B铅笔这样写：■

一、听 力

1. [√] [×]   6. [√] [×]   11. [A] [B] [C] [D] [E] [F]
2. [√] [×]   7. [√] [×]   12. [A] [B] [C] [D] [E] [F]
3. [√] [×]   8. [√] [×]   13. [A] [B] [C] [D] [E] [F]
4. [√] [×]   9. [√] [×]   14. [A] [B] [C] [D] [E] [F]
5. [√] [×]   10. [√] [×]   15. [A] [B] [C] [D] [E] [F]

16. [A] [B] [C] [D] [E] [F]   21. [A] [B] [C]   26. [A] [B] [C]   31. [A] [B] [C]
17. [A] [B] [C] [D] [E] [F]   22. [A] [B] [C]   27. [A] [B] [C]   32. [A] [B] [C]
18. [A] [B] [C] [D] [E] [F]   23. [A] [B] [C]   28. [A] [B] [C]   33. [A] [B] [C]
19. [A] [B] [C] [D] [E] [F]   24. [A] [B] [C]   29. [A] [B] [C]   34. [A] [B] [C]
20. [A] [B] [C] [D] [E] [F]   25. [A] [B] [C]   30. [A] [B] [C]   35. [A] [B] [C]

二、阅 读

36. [A] [B] [C] [D] [D] [E] [F]   41. [A] [B] [C] [D] [D] [E] [F]
37. [A] [B] [C] [D] [D] [E] [F]   42. [A] [B] [C] [D] [D] [E] [F]
38. [A] [B] [C] [D] [D] [E] [F]   43. [A] [B] [C] [D] [D] [E] [F]
39. [A] [B] [C] [D] [D] [E] [F]   44. [A] [B] [C] [D] [D] [E] [F]
40. [A] [B] [C] [D] [D] [E] [F]   45. [A] [B] [C] [D] [D] [E] [F]

46. [√] [×]   51. [A] [B] [C] [D] [D] [E] [F]   56. [A] [B] [C] [D] [D] [E] [F]
47. [√] [×]   52. [A] [B] [C] [D] [D] [E] [F]   57. [A] [B] [C] [D] [D] [E] [F]
48. [√] [×]   53. [A] [B] [C] [D] [D] [E] [F]   58. [A] [B] [C] [D] [D] [E] [F]
49. [√] [×]   54. [A] [B] [C] [D] [D] [E] [F]   59. [A] [B] [C] [D] [D] [E] [F]
50. [√] [×]   55. [A] [B] [C] [D] [D] [E] [F]   60. [A] [B] [C] [D] [D] [E] [F]

新 汉 语 水 平 考 试
HSK（二级）答题卡

姓名	

序号	[0] [1] [2] [3] [4] [5] [6] [7] [8] [9] [0] [1] [2] [3] [4] [5] [6] [7] [8] [9] [0] [1] [2] [3] [4] [5] [6] [7] [8] [9]
年龄	[0] [1] [2] [3] [4] [5] [6] [7] [8] [9] [0] [1] [2] [3] [4] [5] [6] [7] [8] [9]

你是华裔吗？　　是 [1]　　不是 [2]

国籍	[0] [1] [2] [3] [4] [5] [6] [7] [8] [9] [0] [1] [2] [3] [4] [5] [6] [7] [8] [9] [0] [1] [2] [3] [4] [5] [6] [7] [8] [9]
性别	男 [1]　　女 [2]
考点	[0] [1] [2] [3] [4] [5] [6] [7] [8] [9] [0] [1] [2] [3] [4] [5] [6] [7] [8] [9] [0] [1] [2] [3] [4] [5] [6] [7] [8] [9]

学习汉语的时间：

6个月以下 [1]　　6个月—1年 [2]
1年—18个月 [3]　　18个月—2年 [4]
2年—3年 [5]　　3年以上 [6]

注意　　请用2B铅笔这样写：■

一、听 力

1. [√] [×]　　6. [√] [×]　　11. [A] [B] [C] [D] [E] [F]
2. [√] [×]　　7. [√] [×]　　12. [A] [B] [C] [D] [E] [F]
3. [√] [×]　　8. [√] [×]　　13. [A] [B] [C] [D] [E] [F]
4. [√] [×]　　9. [√] [×]　　14. [A] [B] [C] [D] [E] [F]
5. [√] [×]　　10. [√] [×]　　15. [A] [B] [C] [D] [E] [F]

16. [A] [B] [C] [D] [E] [F]　　21. [A] [B] [C]　　26. [A] [B] [C]　　31. [A] [B] [C]
17. [A] [B] [C] [D] [E] [F]　　22. [A] [B] [C]　　27. [A] [B] [C]　　32. [A] [B] [C]
18. [A] [B] [C] [D] [E] [F]　　23. [A] [B] [C]　　28. [A] [B] [C]　　33. [A] [B] [C]
19. [A] [B] [C] [D] [E] [F]　　24. [A] [B] [C]　　29. [A] [B] [C]　　34. [A] [B] [C]
20. [A] [B] [C] [D] [E] [F]　　25. [A] [B] [C]　　30. [A] [B] [C]　　35. [A] [B] [C]

二、阅 读

36. [A] [B] [C] [D] [E] [F]　　41. [A] [B] [C] [D] [E] [F]
37. [A] [B] [C] [D] [E] [F]　　42. [A] [B] [C] [D] [E] [F]
38. [A] [B] [C] [D] [E] [F]　　43. [A] [B] [C] [D] [E] [F]
39. [A] [B] [C] [D] [E] [F]　　44. [A] [B] [C] [D] [E] [F]
40. [A] [B] [C] [D] [E] [F]　　45. [A] [B] [C] [D] [E] [F]

46. [√] [×]　　51. [A] [B] [C] [D] [E] [F]　　56. [A] [B] [C] [D] [E] [F]
47. [√] [×]　　52. [A] [B] [C] [D] [E] [F]　　57. [A] [B] [C] [D] [E] [F]
48. [√] [×]　　53. [A] [B] [C] [D] [E] [F]　　58. [A] [B] [C] [D] [E] [F]
49. [√] [×]　　54. [A] [B] [C] [D] [E] [F]　　59. [A] [B] [C] [D] [E] [F]
50. [√] [×]　　55. [A] [B] [C] [D] [E] [F]　　60. [A] [B] [C] [D] [E] [F]

新汉语水平考试
HSK（二级）答题卡

姓名

国籍 [0][1][2][3][4][5][6][7][8][9]
　　 [0][1][2][3][4][5][6][7][8][9]
　　 [0][1][2][3][4][5][6][7][8][9]

性别　　男 [1]　　女 [2]

序号 [0][1][2][3][4][5][6][7][8][9]
　　 [0][1][2][3][4][5][6][7][8][9]
　　 [0][1][2][3][4][5][6][7][8][9]
　　 [0][1][2][3][4][5][6][7][8][9]

考点 [0][1][2][3][4][5][6][7][8][9]
　　 [0][1][2][3][4][5][6][7][8][9]
　　 [0][1][2][3][4][5][6][7][8][9]

年龄 [0][1][2][3][4][5][6][7][8][9]
　　 [0][1][2][3][4][5][6][7][8][9]

学习汉语的时间：

6个月以下 [1]　　6个月—1年 [2]
1年—18个月 [3]　　18个月—2年 [4]
2年—3年 [5]　　3年以上 [6]

你是华裔吗？
　　是 [1]　　不是 [2]

注意　　请用2B铅笔这样写：■

一、听力

1. [√] [×]　　6. [√] [×]　　11. [A] [B] [C] [D] [E] [F]
2. [√] [×]　　7. [√] [×]　　12. [A] [B] [C] [D] [E] [F]
3. [√] [×]　　8. [√] [×]　　13. [A] [B] [C] [D] [E] [F]
4. [√] [×]　　9. [√] [×]　　14. [A] [B] [C] [D] [E] [F]
5. [√] [×]　　10. [√] [×]　　15. [A] [B] [C] [D] [E] [F]

16. [A] [B] [C] [D] [E] [F]　　21. [A] [B] [C]　　26. [A] [B] [C]　　31. [A] [B] [C]
17. [A] [B] [C] [D] [E] [F]　　22. [A] [B] [C]　　27. [A] [B] [C]　　32. [A] [B] [C]
18. [A] [B] [C] [D] [E] [F]　　23. [A] [B] [C]　　28. [A] [B] [C]　　33. [A] [B] [C]
19. [A] [B] [C] [D] [E] [F]　　24. [A] [B] [C]　　29. [A] [B] [C]　　34. [A] [B] [C]
20. [A] [B] [C] [D] [E] [F]　　25. [A] [B] [C]　　30. [A] [B] [C]　　35. [A] [B] [C]

二、阅读

36. [A] [B] [C] [D] [E] [F]　　41. [A] [B] [C] [D] [E] [F]
37. [A] [B] [C] [D] [E] [F]　　42. [A] [B] [C] [D] [E] [F]
38. [A] [B] [C] [D] [E] [F]　　43. [A] [B] [C] [D] [E] [F]
39. [A] [B] [C] [D] [E] [F]　　44. [A] [B] [C] [D] [E] [F]
40. [A] [B] [C] [D] [E] [F]　　45. [A] [B] [C] [D] [E] [F]

46. [√] [×]　　51. [A] [B] [C] [D] [E] [F]　　56. [A] [B] [C] [D] [E] [F]
47. [√] [×]　　52. [A] [B] [C] [D] [E] [F]　　57. [A] [B] [C] [D] [E] [F]
48. [√] [×]　　53. [A] [B] [C] [D] [E] [F]　　58. [A] [B] [C] [D] [E] [F]
49. [√] [×]　　54. [A] [B] [C] [D] [E] [F]　　59. [A] [B] [C] [D] [E] [F]
50. [√] [×]　　55. [A] [B] [C] [D] [E] [F]　　60. [A] [B] [C] [D] [E] [F]

新汉语水平考试
HSK（二级）答题卡

姓名 _____

国籍 [0][1][2][3][4][5][6][7][8][9]
     [0][1][2][3][4][5][6][7][8][9]
     [0][1][2][3][4][5][6][7][8][9]

序号 [0][1][2][3][4][5][6][7][8][9]
     [0][1][2][3][4][5][6][7][8][9]
     [0][1][2][3][4][5][6][7][8][9]
     [0][1][2][3][4][5][6][7][8][9]
     [0][1][2][3][4][5][6][7][8][9]

性别 男 [1]   女 [2]

考点 [0][1][2][3][4][5][6][7][8][9]
     [0][1][2][3][4][5][6][7][8][9]
     [0][1][2][3][4][5][6][7][8][9]

年龄 [0][1][2][3][4][5][6][7][8][9]
     [0][1][2][3][4][5][6][7][8][9]

学习汉语的时间：

6个月以下 [1]   6个月—1年 [2]
1年—18个月 [3]   18个月—2年 [4]
2年—3年 [5]   3年以上 [6]

你是华裔吗？
是 [1]   不是 [2]

注意 请用2B铅笔这样写：■

一、听力

1. [√] [×]   6. [√] [×]   11. [A] [B] [C] [D] [E] [F]
2. [√] [×]   7. [√] [×]   12. [A] [B] [C] [D] [E] [F]
3. [√] [×]   8. [√] [×]   13. [A] [B] [C] [D] [E] [F]
4. [√] [×]   9. [√] [×]   14. [A] [B] [C] [D] [E] [F]
5. [√] [×]   10. [√] [×]   15. [A] [B] [C] [D] [E] [F]

16. [A] [B] [C] [D] [E] [F]   21. [A] [B] [C]   26. [A] [B] [C]   31. [A] [B] [C]
17. [A] [B] [C] [D] [E] [F]   22. [A] [B] [C]   27. [A] [B] [C]   32. [A] [B] [C]
18. [A] [B] [C] [D] [E] [F]   23. [A] [B] [C]   28. [A] [B] [C]   33. [A] [B] [C]
19. [A] [B] [C] [D] [E] [F]   24. [A] [B] [C]   29. [A] [B] [C]   34. [A] [B] [C]
20. [A] [B] [C] [D] [E] [F]   25. [A] [B] [C]   30. [A] [B] [C]   35. [A] [B] [C]

二、阅读

36. [A] [B] [C] [D] [D] [E] [F]   41. [A] [B] [C] [D] [D] [E] [F]
37. [A] [B] [C] [D] [D] [E] [F]   42. [A] [B] [C] [D] [D] [E] [F]
38. [A] [B] [C] [D] [D] [E] [F]   43. [A] [B] [C] [D] [D] [E] [F]
39. [A] [B] [C] [D] [D] [E] [F]   44. [A] [B] [C] [D] [D] [E] [F]
40. [A] [B] [C] [D] [D] [E] [F]   45. [A] [B] [C] [D] [D] [E] [F]

46. [√] [×]   51. [A] [B] [C] [D] [E] [F]   56. [A] [B] [C] [D] [E] [F]
47. [√] [×]   52. [A] [B] [C] [D] [E] [F]   57. [A] [B] [C] [D] [E] [F]
48. [√] [×]   53. [A] [B] [C] [D] [E] [F]   58. [A] [B] [C] [D] [E] [F]
49. [√] [×]   54. [A] [B] [C] [D] [E] [F]   59. [A] [B] [C] [D] [E] [F]
50. [√] [×]   55. [A] [B] [C] [D] [E] [F]   60. [A] [B] [C] [D] [E] [F]

新 汉 语 水 平 考 试
HSK（二级）答题卡

姓名	

国籍 [0] [1] [2] [3] [4] [5] [6] [7] [8] [9]
[0] [1] [2] [3] [4] [5] [6] [7] [8] [9]
[0] [1] [2] [3] [4] [5] [6] [7] [8] [9]

性别　　男 [1]　　女 [2]

序号
[0] [1] [2] [3] [4] [5] [6] [7] [8] [9]
[0] [1] [2] [3] [4] [5] [6] [7] [8] [9]
[0] [1] [2] [3] [4] [5] [6] [7] [8] [9]
[0] [1] [2] [3] [4] [5] [6] [7] [8] [9]
[0] [1] [2] [3] [4] [5] [6] [7] [8] [9]

考点
[0] [1] [2] [3] [4] [5] [6] [7] [8] [9]
[0] [1] [2] [3] [4] [5] [6] [7] [8] [9]
[0] [1] [2] [3] [4] [5] [6] [7] [8] [9]

年龄
[0] [1] [2] [3] [4] [5] [6] [7] [8] [9]
[0] [1] [2] [3] [4] [5] [6] [7] [8] [9]

学习汉语的时间：

6个月以下　[1]　　　6个月—1年　[2]
1年—18个月　[3]　　18个月—2年　[4]
2年—3年　[5]　　　3年以上　[6]

你是华裔吗？
是　[1]　　　不是　[2]

注意　　请用2B铅笔这样写：■

一、听　力

1. [√] [×]　　　6. [√] [×]　　　11. [A] [B] [C] [D] [E] [F]
2. [√] [×]　　　7. [√] [×]　　　12. [A] [B] [C] [D] [E] [F]
3. [√] [×]　　　8. [√] [×]　　　13. [A] [B] [C] [D] [E] [F]
4. [√] [×]　　　9. [√] [×]　　　14. [A] [B] [C] [D] [E] [F]
5. [√] [×]　　　10. [√] [×]　　　15. [A] [B] [C] [D] [E] [F]

16. [A] [B] [C] [D] [E] [F]　　21. [A] [B] [C]　　26. [A] [B] [C]　　31. [A] [B] [C]
17. [A] [B] [C] [D] [E] [F]　　22. [A] [B] [C]　　27. [A] [B] [C]　　32. [A] [B] [C]
18. [A] [B] [C] [D] [E] [F]　　23. [A] [B] [C]　　28. [A] [B] [C]　　33. [A] [B] [C]
19. [A] [B] [C] [D] [E] [F]　　24. [A] [B] [C]　　29. [A] [B] [C]　　34. [A] [B] [C]
20. [A] [B] [C] [D] [E] [F]　　25. [A] [B] [C]　　30. [A] [B] [C]　　35. [A] [B] [C]

二、阅　读

36. [A] [B] [C] [D] [E] [F]　　41. [A] [B] [C] [D] [E] [F]
37. [A] [B] [C] [D] [E] [F]　　42. [A] [B] [C] [D] [E] [F]
38. [A] [B] [C] [D] [E] [F]　　43. [A] [B] [C] [D] [E] [F]
39. [A] [B] [C] [D] [E] [F]　　44. [A] [B] [C] [D] [E] [F]
40. [A] [B] [C] [D] [E] [F]　　45. [A] [B] [C] [D] [E] [F]

46. [√] [×]　　51. [A] [B] [C] [D] [E] [F]　　56. [A] [B] [C] [D] [E] [F]
47. [√] [×]　　52. [A] [B] [C] [D] [E] [F]　　57. [A] [B] [C] [D] [E] [F]
48. [√] [×]　　53. [A] [B] [C] [D] [E] [F]　　58. [A] [B] [C] [D] [E] [F]
49. [√] [×]　　54. [A] [B] [C] [D] [E] [F]　　59. [A] [B] [C] [D] [E] [F]
50. [√] [×]　　55. [A] [B] [C] [D] [E] [F]　　60. [A] [B] [C] [D] [E] [F]

新汉语水平考试
HSK（二级）答题卡

姓名

国籍 [0] [1] [2] [3] [4] [5] [6] [7] [8] [9]
[0] [1] [2] [3] [4] [5] [6] [7] [8] [9]
[0] [1] [2] [3] [4] [5] [6] [7] [8] [9]

序号 [0] [1] [2] [3] [4] [5] [6] [7] [8] [9]
[0] [1] [2] [3] [4] [5] [6] [7] [8] [9]
[0] [1] [2] [3] [4] [5] [6] [7] [8] [9]
[0] [1] [2] [3] [4] [5] [6] [7] [8] [9]

性别 男 [1] 女 [2]

考点 [0] [1] [2] [3] [4] [5] [6] [7] [8] [9]
[0] [1] [2] [3] [4] [5] [6] [7] [8] [9]
[0] [1] [2] [3] [4] [5] [6] [7] [8] [9]

年龄 [0] [1] [2] [3] [4] [5] [6] [7] [8] [9]
[0] [1] [2] [3] [4] [5] [6] [7] [8] [9]

学习汉语的时间：

6个月以下 [1]   6个月—1年 [2]
1年—18个月 [3]   18个月—2年 [4]
2年—3年 [5]   3年以上 [6]

你是华裔吗？
是 [1]   不是 [2]

注意 请用2B铅笔这样写：■

一、听 力

1. [√] [×]
2. [√] [×]
3. [√] [×]
4. [√] [×]
5. [√] [×]

6. [√] [×]
7. [√] [×]
8. [√] [×]
9. [√] [×]
10. [√] [×]

11. [A] [B] [C] [D] [E] [F]
12. [A] [B] [C] [D] [E] [F]
13. [A] [B] [C] [D] [E] [F]
14. [A] [B] [C] [D] [E] [F]
15. [A] [B] [C] [D] [E] [F]

16. [A] [B] [C] [D] [E] [F]
17. [A] [B] [C] [D] [E] [F]
18. [A] [B] [C] [D] [E] [F]
19. [A] [B] [C] [D] [E] [F]
20. [A] [B] [C] [D] [E] [F]

21. [A] [B] [C]
22. [A] [B] [C]
23. [A] [B] [C]
24. [A] [B] [C]
25. [A] [B] [C]

26. [A] [B] [C]
27. [A] [B] [C]
28. [A] [B] [C]
29. [A] [B] [C]
30. [A] [B] [C]

31. [A] [B] [C]
32. [A] [B] [C]
33. [A] [B] [C]
34. [A] [B] [C]
35. [A] [B] [C]

二、阅 读

36. [A] [B] [C] [D] [D] [E] [F]
37. [A] [B] [C] [D] [D] [E] [F]
38. [A] [B] [C] [D] [D] [E] [F]
39. [A] [B] [C] [D] [D] [E] [F]
40. [A] [B] [C] [D] [D] [E] [F]

41. [A] [B] [C] [D] [D] [E] [F]
42. [A] [B] [C] [D] [D] [E] [F]
43. [A] [B] [C] [D] [D] [E] [F]
44. [A] [B] [C] [D] [D] [E] [F]
45. [A] [B] [C] [D] [D] [E] [F]

46. [√] [×]
47. [√] [×]
48. [√] [×]
49. [√] [×]
50. [√] [×]

51. [A] [B] [C] [D] [D] [E] [F]
52. [A] [B] [C] [D] [D] [E] [F]
53. [A] [B] [C] [D] [D] [E] [F]
54. [A] [B] [C] [D] [D] [E] [F]
55. [A] [B] [C] [D] [D] [E] [F]

56. [A] [B] [C] [D] [D] [E] [F]
57. [A] [B] [C] [D] [D] [E] [F]
58. [A] [B] [C] [D] [D] [E] [F]
59. [A] [B] [C] [D] [D] [E] [F]
60. [A] [B] [C] [D] [D] [E] [F]

新 汉 语 水 平 考 试
HSK（二级）答题卡

姓名

序号 [0][1][2][3][4][5][6][7][8][9]
[0][1][2][3][4][5][6][7][8][9]
[0][1][2][3][4][5][6][7][8][9]
[0][1][2][3][4][5][6][7][8][9]

年龄 [0][1][2][3][4][5][6][7][8][9]
[0][1][2][3][4][5][6][7][8][9]

你是华裔吗？
是 [1]　　　　不是 [2]

国籍 [0][1][2][3][4][5][6][7][8][9]
[0][1][2][3][4][5][6][7][8][9]
[0][1][2][3][4][5][6][7][8][9]

性别　　男 [1]　　女 [2]

考点 [0][1][2][3][4][5][6][7][8][9]
[0][1][2][3][4][5][6][7][8][9]
[0][1][2][3][4][5][6][7][8][9]

学习汉语的时间：

6个月以下 [1]　　　　6个月—1年 [2]
1年—18个月 [3]　　　18个月—2年 [4]
2年—3年 [5]　　　　3年以上 [6]

注意　请用2B铅笔这样写：■

一、听力

1. [✓] [✗]
2. [✓] [✗]
3. [✓] [✗]
4. [✓] [✗]
5. [✓] [✗]

6. [✓] [✗]
7. [✓] [✗]
8. [✓] [✗]
9. [✓] [✗]
10. [✓] [✗]

11. [A] [B] [C] [D] [E] [F]
12. [A] [B] [C] [D] [E] [F]
13. [A] [B] [C] [D] [E] [F]
14. [A] [B] [C] [D] [E] [F]
15. [A] [B] [C] [D] [E] [F]

16. [A] [B] [C] [D] [E] [F]
17. [A] [B] [C] [D] [E] [F]
18. [A] [B] [C] [D] [E] [F]
19. [A] [B] [C] [D] [E] [F]
20. [A] [B] [C] [D] [E] [F]

21. [A] [B] [C]
22. [A] [B] [C]
23. [A] [B] [C]
24. [A] [B] [C]
25. [A] [B] [C]

26. [A] [B] [C]
27. [A] [B] [C]
28. [A] [B] [C]
29. [A] [B] [C]
30. [A] [B] [C]

31. [A] [B] [C]
32. [A] [B] [C]
33. [A] [B] [C]
34. [A] [B] [C]
35. [A] [B] [C]

二、阅读

36. [A] [B] [C] [D] [E] [F]
37. [A] [B] [C] [D] [E] [F]
38. [A] [B] [C] [D] [E] [F]
39. [A] [B] [C] [D] [E] [F]
40. [A] [B] [C] [D] [E] [F]

41. [A] [B] [C] [D] [E] [F]
42. [A] [B] [C] [D] [E] [F]
43. [A] [B] [C] [D] [E] [F]
44. [A] [B] [C] [D] [E] [F]
45. [A] [B] [C] [D] [E] [F]

46. [✓] [✗]
47. [✓] [✗]
48. [✓] [✗]
49. [✓] [✗]
50. [✓] [✗]

51. [A] [B] [C] [D] [E] [F]
52. [A] [B] [C] [D] [E] [F]
53. [A] [B] [C] [D] [E] [F]
54. [A] [B] [C] [D] [E] [F]
55. [A] [B] [C] [D] [E] [F]

56. [A] [B] [C] [D] [E] [F]
57. [A] [B] [C] [D] [E] [F]
58. [A] [B] [C] [D] [E] [F]
59. [A] [B] [C] [D] [E] [F]
60. [A] [B] [C] [D] [E] [F]

新汉语水平考试
HSK（二级）答题卡

姓名

国籍 [0][1][2][3][4][5][6][7][8][9]
[0][1][2][3][4][5][6][7][8][9]
[0][1][2][3][4][5][6][7][8][9]

序号 [0][1][2][3][4][5][6][7][8][9]
[0][1][2][3][4][5][6][7][8][9]
[0][1][2][3][4][5][6][7][8][9]
[0][1][2][3][4][5][6][7][8][9]
[0][1][2][3][4][5][6][7][8][9]

性别 男 [1]   女 [2]

考点 [0][1][2][3][4][5][6][7][8][9]
[0][1][2][3][4][5][6][7][8][9]
[0][1][2][3][4][5][6][7][8][9]
[0][1][2][3][4][5][6][7][8][9]

年龄 [0][1][2][3][4][5][6][7][8][9]
[0][1][2][3][4][5][6][7][8][9]

学习汉语的时间：

6个月以下 [1]   6个月—1年 [2]

1年—18个月 [3]   18个月—2年 [4]

2年—3年 [5]   3年以上 [6]

你是华裔吗？

是 [1]   不是 [2]

注意   请用2B铅笔这样写：■

一、听力

1. [√] [×]　　　6. [√] [×]　　　11. [A] [B] [C] [D] [E] [F]
2. [√] [×]　　　7. [√] [×]　　　12. [A] [B] [C] [D] [E] [F]
3. [√] [×]　　　8. [√] [×]　　　13. [A] [B] [C] [D] [E] [F]
4. [√] [×]　　　9. [√] [×]　　　14. [A] [B] [C] [D] [E] [F]
5. [√] [×]　　　10. [√] [×]　　　15. [A] [B] [C] [D] [E] [F]

16. [A] [B] [C] [D] [E] [F]　　21. [A] [B] [C]　　26. [A] [B] [C]　　31. [A] [B] [C]
17. [A] [B] [C] [D] [E] [F]　　22. [A] [B] [C]　　27. [A] [B] [C]　　32. [A] [B] [C]
18. [A] [B] [C] [D] [E] [F]　　23. [A] [B] [C]　　28. [A] [B] [C]　　33. [A] [B] [C]
19. [A] [B] [C] [D] [E] [F]　　24. [A] [B] [C]　　29. [A] [B] [C]　　34. [A] [B] [C]
20. [A] [B] [C] [D] [E] [F]　　25. [A] [B] [C]　　30. [A] [B] [C]　　35. [A] [B] [C]

二、阅读

36. [A] [B] [C] [D] [D] [E] [F]　　41. [A] [B] [C] [D] [E] [F]
37. [A] [B] [C] [D] [E] [F]　　42. [A] [B] [C] [D] [E] [F]
38. [A] [B] [C] [D] [E] [F]　　43. [A] [B] [C] [D] [E] [F]
39. [A] [B] [C] [D] [E] [F]　　44. [A] [B] [C] [D] [E] [F]
40. [A] [B] [C] [D] [E] [F]　　45. [A] [B] [C] [D] [E] [F]

46. [√] [×]　　51. [A] [B] [C] [D] [E] [F]　　56. [A] [B] [C] [D] [E] [F]
47. [√] [×]　　52. [A] [B] [C] [D] [E] [F]　　57. [A] [B] [C] [D] [E] [F]
48. [√] [×]　　53. [A] [B] [C] [D] [E] [F]　　58. [A] [B] [C] [D] [E] [F]
49. [√] [×]　　54. [A] [B] [C] [D] [E] [F]　　59. [A] [B] [C] [D] [E] [F]
50. [√] [×]　　55. [A] [B] [C] [D] [E] [F]　　60. [A] [B] [C] [D] [E] [F]